ERLEBNISURLAUB
MIT KINDERN

KORSIKA

40 Wanderungen und Ausflüge

Marion Landwehr

W0192691

ROTHER WANDERBUCH

Vorwort

»Sonne und Meer haben sich so lange liebend vereinigt, bis Korsika geboren ist«, sagte einst der französische Schriftsteller Antoine de Saint Exupéry. Nicht nur Liebhaber der Insel, die sich gar keinen Urlaub anderswo auf der Welt vorstellen können, bestätigen dies ohne zu zögern. Der Reiz und die Faszination, die von Korsika ausgehen, sind schon beim allerersten Besuch spürbar. Im Gegensatz zu vielen anderen Urlaubsgebieten, die entweder Erwachsene oder Kinder in besonderem Maße ansprechen, ist Korsika das ideale Familienziel. Hier werden alle Ansprüche an einen gemeinsamen Urlaub erfüllt, ohne dass Eltern oder Kinder unentwegt Kompromisse schließen müssen. Während die Kinder im türkisfarbenen Mittelmeer plantschen, bewundern die Eltern die paradiesische Umgebung und können richtig relaxen. Die Städte haben alle eine überschaubare Größe und werden weder die Eltern zum Nervenzusammenbruch bringen, weil die Kinder nicht mehr wollen/können, noch die Kinder zu Tode langweilen. Es gibt überall etwas Spannendes zu entdecken und zu besichtigen. Die »Attraktionen« stapeln sich nicht an jeder Hausecke, sondern verteilen sich in bekömmlichen Dosen auf die jeweilige Stadt. Die Wanderungen jedoch sind das Highlight der Insel. Auch hier sind keine Kompromisse nötig. Eltern wie Kinder sind gleichermaßen gerne auf abenteuerlichen, alpinen oder verwunschenen Wegen unterwegs, wo sich hinter jeder Kurve ein neuer, spannender Blick auf das ergibt, was Sonne und Meer so liebend vereinigt haben …

Auf dieser Insel ist Langeweile ein Fremdwort. Egal, ob man den gesamten Urlaub an einem Ort verbringt oder an mehreren Standorten oder ob man mit dem Zelt unterwegs ist, um möglichst viele Orte zu besuchen – man wird nie alles schaffen. Bunt ist das Programm, vielfältig der Mix aus Besichtigungen, Städten, Stränden und Wanderungen. Selbst der Tag auf dem Campingplatz oder rund um die Ferienwohnung hält so viele Möglichkeiten offen, die Insel zu erleben, dass kein Tag lang genug dafür ist!

Der vorliegende Reiseführer kann deshalb auch nur einen Teil der Erlebnisse, die Korsika bereithält, abdecken. Es sind neben ganz »normalen« Vorschlägen auch Geheimtipps und Highlights aufgeführt, die man gesehen, erlebt oder erwandert haben muss. Dazu gehören einmalige Schluchten und paradiesische Bergseen ebenso wie der Schildkrötenpark mit seinen exotischen Bewohnern oder die Hauptstadt Ajaccio. Viele Besucher werden wieder kommen – die meisten werden zu »Wiederholungstätern«. Man sollte nur von vornherein nicht mit dem Anspruch nach Korsika reisen, mal eben von einer Inselseite bis zur anderen alles durchzumachen. Je nachdem, in welcher Region man sich befindet, ist alles mit einer mehr oder weniger aufwendigen und meist vor allem kurvenreichen Fahrerei verbunden. Für 20 Kilometer Fahrstrecke kann man auch schon mal eine Stunde unterwegs sein. Weniger ist also in diesem Fall mehr, denn jede korsische Region hat es verdient, dass man ihr intensive Aufmerksamkeit zuteil werden lässt.

In diesem Sinne wünsche ich euch und Ihnen ebenso herrliche und intensive Stunden auf der »Insel der Schönheit«!

Marion Landwehr

Inhalt

Allgemeine Hinweise

Anforderungen

In diesem Buch werden neben Wanderungen auch andere für Kinder spannende Aktivitäten und Ausflüge vorgestellt, wie ein Besuch im Schildkrötenpark oder eine abenteuerliche Kajaktour vor der Küste. Diesen Vorschlägen ist jeweils die Tourenfarbe Grün zugeordnet.

Die Wanderungen sind, um die Auswahl zu erleichtern, je nach ihren Anforderungen mit den Tourenfarben Blau, Rot und Schwarz gekennzeichnet. Diese erklären sich wie folgt:

▶ Leicht

Kurze Spaziergänge und Wanderungen ohne nennenswerte Steigungen in einfachem Gelände. Auch kleinere Kinder können diese Wege problemlos gehen.

▶ Mittel

Wanderungen, die von der Länge her mehr Ausdauer erfordern, Steigungen aufweisen oder teilweise auf felsigen Pfaden verlaufen, die auch etwas Trittsicherheit erfordern können.

▶ Schwierig

Anspruchsvolle Wanderungen, die eine überdurchschnittliche Länge haben oder bei denen Kraxeleinlagen bewältigt werden müssen. Auch das Überwinden längerer Steigungen und größerer Höhenunterschiede gehört in diese Kategorie. Gute Trittsicherheit und Kondition sind bei diesen Touren Voraussetzung.

Zusätzlich finden sich in der »Kurzinfo« zu jeder Wanderung unter dem Punkt »Anforderungen« genauere Informationen. Hier ist aufgeführt, was unabdingbar ist, beispielsweise Kondition oder Trittsicherheit bei schwierigen Wegabschnitten. Zusammen mit den Angaben zur Altersgruppe, Gehzeit, Weglänge und Höhenunterschied kann jede Familie für sich einschätzen, ob eine Tour für ihre Kinder geeignet ist. Alle Angaben und Einstufungen dienen aber nur der persönlichen Orientierung und als Leitfaden. Manche Kinder empfinden steile Passagen über felsige Pfade als überhaupt nicht anstrengend, andere brauchen bei einem richtig knackigen Aufstieg mehrere Pausen.

Gehzeiten bzw. Besuchsdauer

Die Zeitangaben bei den Wanderungen enthalten die reine Gehzeit der Tour, sollen aber nur als grober Anhaltspunkt verstanden werden. Denn je nach Alter, Ausdauer und Motivation der Kinder kann diese Zeit variieren. Pausen sind ebenfalls nicht eingerechnet. Prinzipiell empfiehlt es sich, reichlich Pausen in an-

Felsige Pfade sind das Markenzeichen der Insel (Wanderung 28).

Kraxeln und alte Ruinen erforschen im Wald von Vizzavona (Wanderung 37).

gemessenen Längen einzulegen. So kann die wunderbare Natur der Insel noch intensiver erlebt werden. An jedem Rastplatz gibt es neue Entdeckungen zu machen.

Bei allen anderen Sehenswürdigkeiten und Attraktionen ist in der Kurzinfo angegeben, wie viel Zeit man für den Besuch bzw. die Besichtigung insgesamt einplanen sollte. Auch das sind Anhaltspunkte, sie sollen aber die zeitliche Orientierung erleichtern, wenn es um die Frage geht, ob man für einen ganzen Tag oder nur für wenige Stunden unterwegs sein wird.

GPS-Daten

Zu diesem Wanderführer stehen auf der Internetseite des Bergverlag Rother (www.rother.de) GPS-Daten zum kostenlosen Download bereit. Für den Download benötigen Sie das folgende Passwort: wbKiKor01s77Ug. Die GPS-Daten wurden von der Autorin zum Teil im Gelände bzw. über eine digitale Karte erfasst. Verlag und die Autorin haben die Tracks und Wegpunkte nach bestem Wissen und Gewissen überprüft. Dennoch können wir Fehler oder Abweichungen nicht ausschließen, außerdem können sich die Gegebenheiten vor Ort zwischenzeitlich verändert haben. GPS-Daten sind zwar eine hervorragende Planungs- und Navigationshilfe, erfordern aber nach wie vor sorgfältige Vorbereitung, eigene Orientierungsfähigkeit sowie Sachverstand in der Beurteilung der jeweiligen (Gelände-)Situation. Man sollte sich für die Orientierung auch niemals ausschließlich auf GPS-Gerät und -daten verlassen.

Anfahrt

Die Anfahrtsbeschreibungen beziehen sich in Ermangelung eines ausgeprägten Netzes von öffentlichen Verkehrsmitteln ausschließlich auf die Anreise mit eigenem Fahrzeug. Es wird zunächst die großräumige Anfahrt beschrieben und dann die detaillierte Anfahrt bis zum konkreten Startpunkt beziehungsweise dem Besuchsziel selbst.

Einkehr

Wenn es auf den Wanderungen und bei den Ausflugszielen Einkehrmöglichkeiten gibt, die direkt oder besonders nah am Weg liegen oder die in irgendeiner Form außergewöhnlich sind, werden diese explizit genannt. Bei den Beschreibungen der Städte werden meist die Plätze hervorgehoben, an denen man eine größere Auswahlmöglichkeit an Restaurants und Cafés hat. Spezielle Empfehlungen fließen an entsprechenden Stellen ebenfalls mit ein. Die meisten Restaurants haben Kinderkarten mit den gängigen Lieblingsgerichten des Nachwuchses. Insofern beziehen sich Empfehlungen, wenn nicht explizit genannt, nicht auf die Kinderfreundlichkeit einer Gaststätte.

Unterkunft

Bei den Unterkünften wird in den meisten Fällen der nächstgelegene Campingplatz genannt und Ausstattung sowie Lage kurz beschrieben. Wenn es in genauso gut erreichbarer Umgebung eine weitere familienfreundliche Unterkunftsart wie etwa eine Gîte d'étape oder eine Familien-Ferienanlage gibt, wird diese zusätzlich oder statt eines Campingplatzes aufgeführt.

Auf Korsika wird Wandern zum Genuss – Kinder und Eltern lieben es gleichermaßen.

Ausrüstung

Prinzipiell gilt eines: Korsika ist eine sehr naturbelassene Insel. Man ist dort nicht bevorzugt auf breiten Forstwegen unterwegs. Vielmehr liegt der Reiz des Wanderns darin, schmale Bergpfade, hügelige Passagen und felsige Anstiege bis hin zu Kraxel-Einlagen zu bewältigen. Also müssen auf jeden Fall knöchelhohe Bergschuhe mit griffiger Sohle ins Gepäck – und zwar unbedingt und gerade auch für die Kinder! Manche der Touren sind allerdings einfach oder kurz oder weisen keine felsigen Passagen auf. Bei solchen Wanderungen werden in der Kurzinfo unter dem Punkt »Ausrüstung« Trekkingsandalen oder Sportschuhe empfohlen. Für Gumpentouren und Strecken, die teilweise in einem Bach oder einem Flüsschen zurückgelegt werden, sind spezielle Schuhe angeraten. Das können Badesandalen oder Aquaschuhe sein, aber auch normale Trekkingsandalen, deren Material ruhig mal nass werden darf (also kein Leder!). Auf keinen Fall sollte man versuchen, die Wasser-Einlagen der Wanderungen barfuß zu meistern. Wegen des felsigen Untergrunds in den Bächen und Gumpen sind Freude und Ausdauer ohne Schuhe auch für die größten Freunde des Barfuß-Gehens sehr limitiert! Die Wanderschuhe sollten den Kindern optimal passen. Es nützt nichts, die Schuhe vom letzten Jahr aufzutragen, obwohl sie längst zu klein sind – der Spaß am Wandern mit drückenden Schuhen ist schnell verdorben und endet mit schmerzhaften Blasen. Auf der anderen Seite sollte man aber einen Wanderschuh für Kinder auch nicht auf Zuwachs kaufen. Wenn die Schuhe am Fuß »schlabbern«, fehlt ein fester Halt des Fußes. Auch das kann unange-

Nicht selten geht es nur durch den Fluss weiter!

nehme Folgen haben und in den Bergen schnell gefährlich werden. Auch wenn es kein ganz billiger Spaß ist, sollte man Wanderschuhe im Sport- oder Outdoor-Fachhandel kaufen. Dort gibt es meist die Möglichkeit, das Auf- und Abwärtsgehen auf einer Schräge zu simulieren. Nur wenn dabei die Zehen nicht vorne anstoßen und sich die Seiten des Schuhs angenehm an den Fuß schmiegen, passt der Schuh optimal. Für die Ausritte zu Pferd oder zu Esel empfehlen sich Wanderschuhe, weil sie den Füßen festen Halt in den Steigbügeln geben. Sandalen sind ungeeignet. Da man Pferden mit den Unterschenkeln treibende Hilfen gibt, sollte man stabile, geschlossene Schuhe an den Füßen haben. Gute Sportschuhe sind eine zulässige Alternative.

Beim Besuch der Kletterparks (siehe S. 13) ist ebenfalls das Tragen von stabilen Sportschuhen erforderlich.

Das Strandleben können die jungen Besucher in vollen Zügen genießen.

Für alle anderen Aktivitäten bleibt es dem Ermessen und den Vorlieben der Kinder überlassen, welches Schuhwerk zu wählen ist. Die Städte können ohne Weiteres in bequemen Sandalen erkundet werden. Am Strand empfehlen sich Badeschuhe, mit denen man auch mal ins Wasser gehen kann. Vor allem dann, wenn der Zugang zum Meer steinig ist oder man erst einmal kniehohes, angespültes Seegras bewältigen muss, um ins Wasser zu gelangen.

Bei der Wahl des Rucksackes für die Erwachsenen sollte man darauf achten, dass er gut gepolstert ist, genügend Platz bietet und über einen Beckengurt verfügt, damit die Schulterpartie entlastet wird. Hinein gehören Getränke in ausreichenden Mengen für die ganze Familie (optimal ist Wasser, aber auch ungesüßter Tee oder verdünnte Säfte) und Proviant für unterwegs (belegte Brote, Obst, geschnittene Rohkost und in Maßen schnelle Energielieferanten wie Gummibärchen oder Nuss-Schokolade). Der Proviant ist wichtig, da es bei den Wanderungen unterwegs meist keine Einkehrmöglichkeiten gibt.

Inwiefern man beim Wandern den Kindern eigene, kleine und bequem zu tragende Rucksäcke mitgeben möchte, hängt stark von den Kindern ab. Manche sind stolz, ihre eigenen – möglichst nicht so schweren! – Sachen dabei zu haben und unterwegs »Souvenirs« einsammeln zu können. Andere haben spätestens bei der ersten Kraxel-Einlage die Nase voll von der Last auf dem Rücken und wollen den Rucksack vehement loswerden. Der Rucksack sollte mit maximal zehn bis zwölf Prozent des Körpergewichts des Kindes beladen werden.

Korsika ist eine Mittelmeer-Insel, die Sonneneinstrahlung entsprechend hoch. Auch im Frühjahr kann es schon sehr heiß sein. Viele Wanderungen verlaufen größtenteils in der Sonne. Deshalb ist es wichtig, die ganze Familie noch vor dem Abmarsch gründlich einzucremen. Eine Kopfbedeckung ist unterwegs ebenso wichtig wie eine Sonnenbrille mit UV-Schutz. Für Kleinkinder sollte die Mütze einen Nackenschutz haben, für größere Kinder reichen in der Regel Schildkappen aus. Intensiver Sonnenschutz ist natürlich vor allem bei Strandbesuchen bedeutsam. Die Mittagshitze sollte man auf alle Fälle meiden, aber auch sonst darauf achten, sich nicht in der direkten Sonne aufzuhalten. Bekleidung ist auch hier der beste Schutz. Wenn der Strand keine schattigen Stellen hat, sollte man einen Sonnenschirm mitnehmen oder mieten.

Kletterparks und Hochseilgärten

Es gibt einige Kletterparks auf Korsika, die alles sprengen, was man hierzulande kennt. Meistens handelt es sich um Anlagen, bei denen nicht nur verschiedene Stationen von Baum zu Baum zu bewältigen sind. In vielen Fällen verbirgt sich eine »Via Ferrata« dahinter, ein Klettersteig. Mit Eisenleitern, Stiften und/oder Klammern sind die Steige in den Felsen gehauen und bilden so den »Weg« nach oben. Schluchten werden mit Seilen bewältigt, dabei gerät man nicht selten in luftige Höhen mit etlichen Metern zwischen sich und dem Boden. Diese Variante der Kletterparks ist für Kinder nicht empfehlenswert und deshalb in diesem Buch auch nicht weiter beschrieben. Der Fokus liegt auf den Kletterparks (»Parcours Aventure«), die oft auch für die Kleinsten einen Extra-Parcours anbieten. Besonders beliebt sind hier die Seilrutschen, mit denen man von Station zu Station sausen kann (siehe Tour 40).

Pferdefans kommen auf Korsika ebenfalls auf ihre Kosten.

Reiten

Wer auf Korsika reiten möchte – egal, ob als Ausritt, als Reitstunde oder nur als Ponyführen – wird immer und überall fündig. Centres d'Equestres gibt es wie den buchstäblichen Sand am Meer. Viele sind auch als Ranch benannt, was nicht unbedingt heißen muss, dass dort Westernreiten angeboten wird. Man sollte sich die Betriebe gut anschauen, auf die Pferdehaltung achten und sichergehen, dass niemand ohne Nachfrage nach den Kenntnissen aufs Pferd gesetzt wird. Die in diesem Buch vorgestellten Betriebe sind solche, die von der Autorin (selbst Reiterin) ausprobiert wurden. Nur aufgrund eigener positiver Erfahrung kann guten Gewissens eine Empfehlung ausgesprochen werden.

Unterwegs mit Kindern

Wandern, Stadtbesichtigungen, Museen – das sind Stichworte, die Kinder nicht gerade hinterm Sofa hervorlocken. In vielen Reiseführer wird versucht das Problem der Interessenskonflikte zwischen Eltern und Kindern zu lösen, indem auf zwei von 200 Seiten die Highlights für Kinder hervorgehoben werden. Dass es aber viele spannende Möglichkeiten gibt, den Kindern ein Museum oder eine Stadt spielerisch und mit Spaß nahezubringen, kommt meist zu kurz. In diesem speziellen Familien-Reiseführer soll die ganze Familie auf ihre Kosten kommen. Dabei wurde auf vielseitige Art und Weise Wert darauf gelegt, dass Kinder Freude an der Erkundung der Landschaft und der vielen Sehenswürdigkeiten haben, die es auf Korsika zu bestaunen gibt. In den einzelnen Kapiteln sind immer wieder eigene, an die Kinder gerichtete, besonders spannende Informationen untergebracht, mithilfe derer eine gerade besuchte Attraktion eine reizvolle

Bedeutung erhält. Bei der Besichtigung der Hauptstadt Ajaccio beispielsweise bezieht sich diese Zusatzinformation auf den berühmten Einwohner der Stadt, Napoleon Bonaparte. Von ihm hat jedes Kind schon einmal gehört und es erweckt gleich ein ganz anderes Interesse zu wissen, dass dieser berühmte Mensch einmal an derselben Stelle gestanden haben könnte wie wir jetzt. Die Auswahl der Aktivitäten ist auf die Zielgruppe Familie ausgerichtet. Bei Weitem nicht jedes Museum auf Korsika wird vorgestellt, sondern lediglich diejenigen, die richtig spannend und für Kinder interessant sind. Das sind natürlich alle diejenigen, die mit der turbulenten Geschichte der Insel, mit den Römern und den Ausgrabungen zu tun haben. Auf den Besuch von Gemäldemuseen wird sich kein Kind einstellen müssen …

Bei den Wanderungen stehen diejenigen im Vordergrund, die auf ihrer Strecke mindestens eine »Attraktion« für Kinder haben. Sei es die Passage durch den Fluss, die Kraxel-Einlage am Wasserfall, der Bergsee als Ziel oder der alpine Pfad am Rande des Abgrunds – die Kinder werden in ihrem Abenteuer- und Entdeckungsgeist gefordert und langweilige Forst- und Schotterwege nur in Ausnahmefällen gehen müssen.

Die Städte, die man in Korsika gesehen haben muss, haben natürlich auch alle Anlaufpunkte für Kinder. Einmal ist es das Meeres-Aquarium, ein andermal die römische Ausgrabungsstätte oder die Fahrt in den niedlichen »Petits Trains«. Langeweile wird es mit Sicherheit nie geben!

Eine familienfreundliche Art, die Stadt zu erkunden: Mit dem Petit Train durch Ajaccios enge Gassen.

Gumpen als Konkurrenz fürs Meer: Hier kann man baden, kraxeln und Staudämme bauen.

Die Strände Korsikas sind als Ausflugsziel natürlich ein »Selbstläufer«. Hier bedarf es keiner weiteren »Leckerbissen«, um einen Besuch für die Kinder schmackhaft zu machen.

Reisezeit

Unabhängig davon, ob man hauptsächlich zum Baden oder zum Wandern nach Korsika reist, sind Mai, Juni und September die schönsten Reise-Monate. Die Badesaison startet bereits Anfang Mai. Einem Sprung ins Meer steht auch zu dieser frühen Zeit im Jahr nichts entgegen, man muss keine eisigen Wassertemperaturen befürchten. Auch wenn mancher Liegestuhl- und Sonnenschirm-Verleih, Bootsvermietungen, Souvenir-Shops, Strandcafés, öffentliche Freibäder oder einzelne Natur-Campingplätze zu der Zeit noch nicht geöffnet haben, ist das Frühjahr eine sehr angenehme Reisezeit. Alles ist noch sehr beschaulich und ruhig und wirkt so richtig »korsisch«. Manche Strandabschnit-

te hat man sogar für sich allein. Hinzu kommt der herrliche Anblick der blühenden Macchia. Im Hochsommer dagegen, vor allem wenn im Juli und August bei uns, in Frankreich und Italien Sommerferien sind, ist es unglaublich überfüllt auf der Insel. Es ist sehr heiß und die Preise für Unterkunft und Verpflegung steigen in astronomische Höhen.

Letztendlich sollte man sich aber je nach der geplanten Hauptbetätigung auf Korsika für eine bestimmte Reisezeit entscheiden. Denn während in Küstennähe im Hochsommer eine trockene Hitze herrscht, kann es in den Bergtälern und Hochlagen im Inselinneren angenehm warm bis kühl sein. Im Frühling (April/Mai) liegt hier nicht selten noch Schnee. Im Herbst wiederum kann man die bunt gefärbten Wälder bewundern und bis Mitte Oktober noch recht zuverlässig im Meer plantschen. Die Monate von Oktober bis April sind nicht zum Baden geeignet und es gibt häufige Niederschläge.

Wenn jemand eine Reise tut

Anreise

So vielfältig sich die Mittelmeer-Insel präsentiert, so unterschiedlich kann man dorthin reisen. Die bequemste, aber sicher nicht günstigste und auch nicht unbedingt schnellste Anreise erfolgt mit dem Flugzeug. Die verhältnismäßig kleine Insel verfügt über stolze vier Flughäfen, die sich homogen über die Fläche Korsikas verteilen: An der Ostküste befindet sich der Flughafen »Aéroport de Bastia-Poretta«, 20 Kilometer von der großen Hafenstadt Bastia entfernt. Bei Calvi an der Nordwestküste nimmt der Flughafen »Aéroport de Ste Catherine« die Urlauber entgegen. Zwölf Kilometer von Ajaccio entfernt bedient der »Aéroport de Campo dell'Oro« die Flugreisenden. Und im Süden landet man auf dem »Aéroport de Figari«, 24 Kilometer von Porto Vecchio entfernt.

Je nach Ziel auf der Insel ist man also seinem Urlaubsgebiet immer nah – aber: Es gibt nur ganz wenige Direktflüge nach Korsika. Von Deutschland aus muss man entweder mindestens eine, oft sogar mehrere Zwischenlandungen in Kauf nehmen. Direktflüge sind, wenn es sie überhaupt gibt, sehr teuer. Hinzu kommt, dass ein Urlaub ohne fahrbaren Untersatz auf Korsika nicht denkbar ist. Zu den Flugkosten, die für eine ganze Familie in der Hauptsaison ganz schön hoch sein können, kommt also noch die Miete für ein Fahrzeug hinzu.

Germanwings ist eine der wenigen Airlines, die von drei deutschen Städten aus zumindest in der Hochsaison Korsika direkt anfliegt. Von Stuttgart, Köln-Bonn und Berlin Schönefeld startet je einmal die Woche ein Direktflug nach Bastia. Ger-

Die gängigste Anreise erfolgt mit eigenem Pkw und mit der Fähre.

manwings bietet Kombinationen an, in denen Flugkosten und der Mietpreis für ein Fahrzeug enthalten sind. Von Memmingen am Bodensee aus gibt es Charterflüge nach Calvi. Wenn man grenznah zu Frankreich wohnt, hat man die Möglichkeit, ab Straßburg und Basel/Mulhouse Direktflüge zu buchen.

Die individuellere und unabhängigere Anreise gerade für Familien ist die Anreise mit dem eigenen Pkw. Dazu ist eine Fährüberfahrt auf die Insel notwendig. Auf Korsika gibt es sieben Fährhafen. Das sind Ajaccio, Porto-Vecchio, Propriano und Bonifacio für den Süd-Westen und Bastia, Calvi und L'Ile Rousse für den Norden. Die großen Schifffahrtsgesellschaften sind Corsica Ferries, Mobylines und S.N.C.M.

Corsica Ferries und Mobylines bedienen Korsika sowohl vom französischen Festland aus (Toulon und Nizza), als auch von den italienischen Fährhäfen Savona bzw. Genua und Livorno (in der Toskana). Allerdings finden die Überfahrten ab Savona erst ab Anfang Juni regelmäßig statt. S.N.C.M. steuert die Insel nur aus den französischen Hafenstädten Marseille, Toulon und Nizza an und verkehrt außerdem regelmäßig zwischen den Inseln Korsika und Sardinien.

Die kürzeste Überfahrt erfolgt ab Livorno und dauert 4 Stunden. Es werden auch Übernacht-Fahrten angeboten, die nicht nur eine nächtliche Anreise zum Fährhafen ersparen, sondern gerade für Kinder ein besonderes Abenteuer darstellen – eine Nacht in der Kabine eines Schiffes zu verbringen und am Morgen am Urlaubsort anzukommen, hat schon einen besonderen Reiz.

Die Tarife bei den Überfahrten sind bei den großen Fähranbietern alle

Der Urlaub beginnt bereits an Bord der Fähre.

recht einheitlich und es gilt: Je früher man bucht, desto günstiger ist der Tarif. Es gibt die sogenannten »Flex Rates«, die sich der Nachfrage anpassen, und diese ist normalerweise umso geringer, je weiter der Reisezeitpunkt entfernt liegt. Auf alle Fälle lohnt sich ein Preisvergleich im Internet und auch in Sachen Abfahrtshafen sollte man sich durch die verschiedenen Angebote forsten (Informationen im Internet: www.corsica-ferries.fr, www.mobylines.fr, www.sncm.fr). Auf der Internetseite www.directferries.de findet man einen ersten groben Überblick über die aktuellen Fahrpläne und Preise der einzelnen Anbieter, darunter auch ein paar wenige kleinere Schifffahrtsgesellschaften. Hier sehen Sie auch übersichtlich, welche Fähre die Insel wie oft in der Woche ansteuert.

Unterwegs auf der Insel

Ein Auto ist vor allem deshalb unentbehrlich auf Korsika, weil es flächendeckende öffentliche Verkehrsmittel nicht im bekannten Sinne gibt. Zwar verkehren regelmäßig Busse, allerdings gibt es oft nur zweimal am Tag bestimmte Fahrten und diese sind teuer. Viele Sehenswürdigkeiten liegen außerdem sehr abseits und sind schon mit dem eigenen Auto schwierig zu erreichen. Da eine weite Busfahrt beispielsweise von Ajaccio nach Bastia auch recht lange dauert (ca. fünf Stunden), ist die bessere Alternative die berühmte korsische Eisenbahn. Aber auch sie erreicht nur verhältnismäßig wenige Orte. Auf manchen Strecken fährt tatsächlich noch eine sehr nostalgisch anmutende Bahn, auf anderen Strecken, wie zum Beispiel zwischen Bastia und Corte, verkehrt ein moderner Triebwagen und schlängelt sich abenteuerlich durch die Berge. Die Bahn verbindet Bastia mit Ajaccio, Calvi und Corte. Zwischen L'Ile Rousse und Calvi pendelt die Bahn ebenfalls und hält an einigen schönen Stränden (siehe S. 38). Die Bahnfahrt ist überall auf der Insel ein Erlebnis und eine äußerst bequeme Art des Reisens. Der Nachteil allerdings ist: Die Bahn verkehrt im Süden der Insel gar nicht. Detaillierte Fahrpläne findet man im Internet unter www.train-corse.com.

Eine Möglichkeit, sich innerorts ohne eigenes Auto fortzubewegen, sind die »Petits Trains«. Allerdings gibt es sie nur in den größeren Ferienstädten. Meist sind die Fahrten in den Touristenbähnchen als Stadtrundfahrt konzipiert oder steuern ein bestimmtes Ziel an. Um einen Überblick über die jeweilige Stadt zu erhalten, stellen sie aber ein bestens geeignetes Verkehrsmittel dar.

Unterkunft

Adäquat zur Empfehlung, als Familie mit dem Auto nach Korsika zu reisen, um flexibel zu sein, sollte auch die Unterkunft individuell ausgewählt werden. Zwar gibt es auch Pauschalangebote von Reisebüros oder Direktveranstaltern, die Urlaub in den Ferienanlagen anbieten. Aber damit ist man insgesamt sehr gebunden: Es ist nur eine wochenweise Buchung möglich und im Package sind meist Halbpension, Flug und evtl. Mietpreis für das Auto enthalten. Auf einer so abwechslungsreichen Insel ist es allerdings schade, sich an fixe Vorgaben wie Essenszeiten halten zu müssen. Das Erkunden der Insel auf eigene Faust ist spannender und den Bedürfnissen der Familie besser angepasst. Hier würde man nun vermuten, dass eine Anreise mit dem Wohnmobil perfekt sein muss – ist sie aber nicht! Die Straßen sind oft sehr eng und kurvenreich, nicht wenige sind für Wohnmobile sogar ganz gesperrt. Auch den Wohnwagen sollte man, einmal am Campingplatz stationiert, tunlichst dort stehen lassen. Die Infrastruktur in Sachen Unterkunft ist auf Individualtouristen bes-

In der Abendshow des Campingplatzes »Arinella Bianca« bei Ghisonaccia sind die Kids die Stars (siehe S. 150).

Der moderne Zug schlängelt sich durch die Bergwelt und verbindet Bastia mit Ajaccio.

tens eingerichtet. Für Ferienhäuser gibt es ein ebenso breit gefächertes Angebot wie für Campingplätze. Auch Hotel-Residenzen gibt es überall und in allen Preiskategorien. Wer sich nicht entscheiden kann, an welcher der allesamt attraktiven Küsten Korsikas er sein Lager aufschlagen möchte, kann den Urlaub auch splitten und an zwei oder sogar mehreren Stellen wohnen. Hier wäre die erste Wahl, einen Zelturlaub auf Korsika zu planen. Korsika verfügt über unzählige Plätze, viele liegen direkt an der Küste. Es sind alle Kategorien von einem bis vier Sterne vertreten. Auch einfachste Plätze, die »Aire Naturelle« genannt werden, befinden sich darunter. Auf fast allen Campingplätzen hat man auch die Möglichkeit, Minibungalows oder kleine Häuschen aus Holz oder Stein zu mieten. Damit genießt man die flexible Verweildauer, die Atmosphäre und schöne Lage eines Campingplatzes, muss aber nicht im Zelt übernachten.

Abseits der Küste gibt es neben Campingplätzen die Gîtes ruraux, meist auf Bauernhöfen gelegen, und die Gîtes d'étape, die an den großen Wanderwegen liegen und mit Kochecke für die Selbstversorgung ausgestattet sind. Jugendherbergen gibt es nur wenige, lediglich vier solcher Häuser befinden sich in Porto Vecchio, Propriano, Galéria und im Kloster von Calacuccia. Das Angebot an Ferienwohnungen in allen Kategorien, mit Pool und ohne, direkt am Strand oder im Bergland, als frei stehendes Haus oder innerhalb eines Mehrfamilienhauses oder einer Anlage, ist nahezu unüberschaubar groß. Im Internet gibt es einige Anbieter, die privat vermietete Unterkünfte aller Preisklassen vermitteln (z.B.: www.homelidays.de, www.ferienhaus-miete.de oder www.fewo-direkt). Die Agenturen Interchalet oder Casamundo sind dagegen oft sehr viel teurer, bieten aber nicht unbedingt mehr Komfort.

Maure oder Mohr – das ist hier die Frage

Bereits auf der Fährüberfahrt wird man zum ersten Mal auf ihn treffen, zum Beispiel auf der munter wehenden Flagge auf dem Schiff und dann wird er den Urlaub auf Korsika allgegenwärtig begleiten: der »Mohrenkopf« oder »Maurenkopf«, Wappen der Korsen. Auf meist weißem Hintergrund prangt der Kopf eines dunkelhäutigen Menschen mit krausem Haar und weißem Stirnband. Das Wappen gilt als Freiheitssymbol der korsischen Bevölkerung, aber seine Enstehung ist nicht eindeutig nachweisbar und es gibt einige Legenden zu diesem markanten Symbol.

Einer der Überlieferungen zufolge soll im 13. Jahrhundert ein maurischer Herrscher eine junge Korsin nach Spanien entführt haben. Nun war diese Korsin bereits auf der Insel verlobt und der künftige Bräutigam reiste seiner Verlobten hinterher, um sie zu retten. Einer der maurischen Männer des Herrschers wurde gegen den Verlobten in den Kampf geschickt und unterlag ihm. Als Zeichen seines Triumphs soll der Verlobte den abgeschlagenen Kopf des Mauren hochgehalten haben.

Wahrscheinlicher ist es allerdings, dass der richtiggehend berühmte Kopf für die Unabhängigkeit Korsikas steht. Ursprünglich zeigte das Wappen einen Mohrenkopf mit verbundenen Augen und einem Ohrring. Beides ist symbolisch für die Sklaverei, von der Korsika sich mit Unabhängigkeitsbewegungen lösen

Der Maure mit dem Stirnband wird zum Maskottchen des Urlaubs.

wollte. Der Freiheitskämpfer Pascal Paoli (siehe S. 22) soll dieses Wappen im Zuge seiner Reformen im Jahr 1762 so verändert haben, dass es fortan Sinnbild der Freiheit wurde: Er verschob die Augenbinde nach oben – so wurde sie zum Stirnband – und entfernte den Ohrring.

Vorbild für das Wappen könnte eine sehr alte Flagge aus dem 13. Jahrhundert gewesen sein, als der Papst im Machtgerangel zwischen Pisa und Genua den König von Aragon als Verwalter für Korsika und Sardinien eingesetzt hatte. Auf Aragons Flagge sind vier abgeschlagene Maurenköpfe um ein rotes Georgskreuz herum (wie wir es von der Flagge Englands her kennen) zu sehen.

Heute sind vor allem korsische Produkte mit dem Wappen versehen. Dazu zählen Marmeladen, Honig, Liköre, Wein und Kastanienmehl ebenso wie Käse aus Schafs- und Ziegenmilch, Fleisch- und Wurstwaren. Aber auch Eigenproduktionen wie »Corsica Cola« sind mit einem Blick auf das Wappen als »von der Insel« identifizierbar. Der Maurenkopf – oder Mohrenkopf, auch das ist nicht ganz eindeutig – steht für Korsika schlechthin und hat damit einen großen Wiedererkennungseffekt. Die Korsen selbst nennen ihre Flagge »La Bandiera Testa Mora« – »Die Fahne mit dem Mohrenkopf«.

Eine spannende Geschichte

Einige Dinge, ähnlich der korsischen Flagge, begegnen uns auf der Insel immer wieder und erregen unser Interesse. Dazu gehören unter anderem die Namen Pascal Paoli und natürlich Napoelon Bonaparte, aber auch Begriffe wie Unabhängigkeitsbestrebungen und genuesische Herrschaft. »Wie war das denn nun mit der Insel, bevor sie zu Frankreich gehörte? Und warum gehört sie überhaupt zu Frankreich, wo sie doch eigentlich viel näher am italienischen Festland liegt?« fragen aufmerksame Kinder neugierig.

Die Geschichte der schönen Mittelmeerinsel ist ereignisreich und nicht ganz einfach zusammenzufassen. Aber einen groben Überblick über die historische Entwicklung sollten Korsika-Reisende jeden Alters haben. So werden viele Gegebenheiten, Bauwerke und Namensverehrungen auf Korsika viel besser verständlich.

Also los geht es – wie so oft – in der Steinzeit. Funde belegen, dass Korsika seit bereits 40.000 Jahren besiedelt ist. Filitosa ist die älteste Siedlung, die entdeckt wurde. Sie liegt im Süden der Insel. Dort haben vermutlich um 6600 v.Chr. Menschen gelebt und die Jäger und Sammler abgelöst. »Die Dame von Bonifacio« ist nicht etwa die Schutzpatronin der südkorsischen Stadt, sondern es handelt sich um die sterblichen Überreste einer etwa 35-jährigen Frau, die ungefähr 9000 Jahre alt sind (siehe S. 121). Aus der Zeit zwischen 3500 und 1600 v.Chr. stammen die Megalithen, auch das ist ein immer wiederkehrendes Schlag-

wort auf Korsika. Bezeichnet werden damit große, meist unbehauene Steinblöcke, die man auf der Insel meist an Grab- oder Kultanlagen findet. Auch den Torreanern begegnet man des Öfteren. Das sind die Begründer der turmartigen Bauten, die man Torri nennt. Auf Korsika gibt es diese Bauweise seit 1600 v.Chr., also seit der Bronzezeit.

Etwa um 600 v.Chr. lassen sich griechischstämmige Flüchtlinge aus Kleinasien auf Korsika nieder und gründen die heutige Stadt Aléria an der Ostküste. Rom besetzt die Stadt gut 300 Jahre später, führt Krieg gegen die Bewohner der Insel und unterwirft Korsika schließlich völlig (siehe S. 24). Es geht noch einmal richtig rund um 750 n.Chr., als Piraten die Insel plündern, die Menschen versklaven und sich schließlich an den Küsten ausbreiten. Toskanische Feldherren mischen ebenfalls mit und tyrannisieren das Volk. Es ist eine Zeit von blutigen Kriegen.

Das Castellu di Cucuruzzu ist eine Kultstätte der Torre-Kultur.

Die Insel ist ein riesengroßer Spielplatz; überall gibt es etwas zu entdecken und zu erkunden.

Da die Insel offenbar nicht unter Kontrolle zu bringen ist, überträgt im Jahr 1077 Papst Gregor VII. die Herrschaft an Pisa. Daraufhin geht es tatsächlich etwas friedlicher zu auf der Mittelmeerinsel. Gut 50 Jahre später teilt ein anderer Papst Genua die Hälfte der Insel als Lehen zu. Die Folge ist, dass sich Pisaner und Genuesen fortan um die Insel streiten, und ab dem 13. Jahrhundert gehört Korsika schließlich zu Genua. Das bleibt für die nächsten 500 Jahre so.

Aus dieser Zeit stammen viele Dinge, die heute noch allgegenwärtig und in jedem Teil der Insel in mehr oder weniger gutem Originalzustand zu sehen sind: Zitadellen werden zur Verteidigung errichtet, Wachtürme schießen aus dem Boden, Straßen werden ausgebaut und die typischen Bogenbrücken gebaut. Für die Bevölkerung war das allerdings trotzdem keine schö-

ne Zeit, denn Genua hatte Schulden und gab die Einkünfte aus Korsika an die genuesische Bank des Heiligen Georg weiter. Für die Menschen bedeutete das eine hohe Steuerlast und Ausbeutung.

Wir nähern uns der neueren Geschichte: 1729 ist ein entscheidendes Jahr, denn jetzt erwacht der korsische Widerstand. Steuereintreiber werden verjagt, das Volk wehrt sich – der Unabhängigkeitskrieg beginnt. Nach einem personellen Fehlgriff – die Korsen hatten einen westfälischen Abenteurer zu ihrem ersten und auch letzten König ernannt – erscheint Pascal Paoli im Jahr 1755 erstmals auf der Bildfläche. Das Volk wählt ihn zum »General der korsischen Nation«. Die von ihm entworfene Verfassung erklärt das Recht des Volkes auf Selbstbestimmung. Corte ernennt er zur Hauptstadt. Die ganze Welt findet diese Verfassung gut – nur Genua nicht. Als wäre nichts passiert, tritt Genua die korsischen Besitzrechte an Frankreich ab. Daraufhin erklärt Paoli Frankreich den Krieg. Allerdings werden die Korsen 1769 bei Ponte Nuovo von den Franzosen geschlagen und Paoli muss von der Insel fliehen. Im selben Jahr wird in Ajaccio Napoleon Bonaparte geboren (siehe S. 94). Paoli hat noch einmal ein Comeback und vertreibt mit Englands Hilfe die Franzosen von der Insel. Doch auch seine englischen Freunde machen Paoli das Leben schwer und er muss wieder fliehen. Paolis Einfluss auf der Insel bleibt dennoch bis heute sichtbar. Davon abgesehen, dass er überall als Held verehrt wird, hat er sich auch selbst in seinen guten Taten für die Insel verewigt: Die einzige Universität in Corte geht auf ihn zurück, er ließ Schulen bauen und Sümpfe trockenlegen und hat Gesetze geschrieben, an die sich alle halten mussten. Noch heute nennt man ihn liebevoll »U Babbu di a Patria« – »Der Vater des Vaterlandes«.

1798 wird Korsika zum französischen Département, also eines der insgesamt 100 Verwaltungsgebiete in Frankreich. Erst im 19. Jahrhundert gibt die Insel den Kampf gegen

Beeindruckend thront die Zitadelle auf Felsen hoch über Corte.

die Franzosen auf. Von nun an macht sich spürbar der Einfluss des französischen Festlandes breit. Das ist der Zustand, den man heute auf der Insel antrifft.

MuSEUMSTIPP

Pascal Paoli wurde 1725 im Nordosten der Insel, geboren. In seinem Geburtshaus befindet sich natürlich ein Museum, das »Musée Maison Natale de Pasquale Paoli«. Persönliche Gegenstände des Freiheitskämpfers sowie Darstellungen, Bücher, Handschriften, Münzen und Waffen aus der Zeit seines Wirkens sind hier ausgestellt. Ein zehnminütiges Video über Paolis Leben wird auch auf Deutsch gezeigt. Neben dem Museum gibt es eine kleine Kapelle – hier wird Pascal Paolis Urne mit seiner Asche aufbewahrt.
Öffnungszeiten: Vom 1. April bis 30. Sept. täglich außer Dienstag 9–12 und 14.30–19.30 Uhr und vom 1. Okt. bis 31. März täglich außer Dienstag 9–12 und 13–17 Uhr. Der Eintritt kostet 2 €.

Hilfe, die Römer kommen!

Seit dem 5. Jahrhundert v.Chr. stand Korsika unter karthagischer Herrschaft – die Küste der Insel war von Etruskern, Griechen und Karthagern besiedelt. Die römische Geschichte Korsikas beginnt im Jahr 259 v.Chr. mit dem Ersten Punischen Krieg, als die Römer mehrere korsische Stämme unterwarfen und unter anderem die Stadt Aléria an der Ostküste eroberten. Auch die Nachbarinsel Sardinien fiel an die Römer und so wurden die beiden Inseln im damals sogenannten Tyrrhenischen Meer 227 v.Chr. zur »Kolonie Sardinia et Corsica« ernannt. Günstig vor Italien gelegen stellten Korsika und Sardinien für das Festland ein richtiggehendes Schutzschild gegen Angriffe aus dem Westen dar.

Obwohl sich die Römer bis zum Jahr 230 v.Chr. fest an der korsischen Ostküste eingerichtet hatten, konnten sie die Bevölkerung nicht wirklich bezwingen. Die Korsen wehrten sich tapfer und hartnäckig gegen die Unterwerfung durch die Römer. Erst eine Verstärkung der römischen Truppen beendete schließlich die Aufstände der Bevölkerung. Rund um Aléria ließen sich die Besatzer als Gutsherren nieder und beuteten die Einheimischen aus. So mussten die Korsen Kork, Honig und Wachs abgeben, Fluss- und Hafenzölle bezahlen und Wälder, Salinen und Bergwerke von den Römern pachten.

Die im Punischen Krieg zerstörte Stadt Aléria wurde 81 v.Chr. nach römischem Vorbild wieder aufgebaut: Es gab ein Forum, einen Triumphbogen, einen Tempel, ein Aquädukt und Bäder. Aléria wurde zur römischen Hauptstadt auf Korsika. Zu dieser Zeit sollen etwa 20.000 bis 30.000 Menschen in der Stadt gelebt haben. Fundstücke aus der römischen Epoche sind heute in Aléria im Musée Jérôme Carcopino zu besichtigen. Auf dem Ausgrabungs-

Viadukte im römischen Stil wie diese Brücke von Mezzavia (bei Ajaccio) sind Relikte der Römer auf Korsika.

HALLO KINDER,

So ziemlich in der Mitte der Ostküste liegt das kleine Dorf Aléria, das aber für diese Region mit seinen 2.000 Einwohnern schon eine halbe »Großstadt« darstellt. Die Geschichte der Ortschaft ist so abenteuerlich wie ihre Festung: Um 600 v.Chr. siedelten sich als erste Menschen die Griechen hier an und gründeten eine Handelsstadt. Später folgten die Etrusker, Karthager und schließlich eroberten die Römer um 259 v.Chr. die Siedlung und zerstörten sie erheblich. Auf den Überresten der alten Handelsstadt errichteten die Römer dann die antike Stadt Aléria. Für viele Jahrhunderte war die Stadt Hauptstadt der römischen Provinz Corsica. Sie verfügte über einen Kriegs- und einen Handelshafen und hatte stolze 25.000 Einwohner! Die Römer waren es dann auch, die indirekt den Grundstein für die allererste Kirche der Insel legten; diese wurde nämlich aus den Steinen der alten Römersiedlung gebaut. Im Jahr 500 n.Chr. fielen die Vandalen in Aléria ein, eroberten die Stadt und zerstörten sie fast vollkommen. Die Funde aus den Ausgrabungsstätten datieren aus der Zeit der Römer und erzählen die Geschichte der antiken Stadt vor der Zerstörung.

gelände der antiken Stadt kann man beispielsweise die freigelegten Ruinen des Amphitheaters bestaunen (siehe Ausflug 31).

Die Römer bauten außerdem die einzige richtig befestigte Straße auf Korsika, und diese führte an der Ostküste entlang von Piantarella an der Südspitze Korsikas bis Aléria. Von dieser Straße wurde südlich von Ghisonaccia ein Stück wieder freigelegt.

Belastend für das Verhältnis zwischen Römern und Korsen war, dass die Römer oftmals Raubzüge in korsische Dörfer unternahmen und Einheimische als Sklaven verschleppten, die sie in Rom verkauften. Ein römischer Prätor wurde auf der Insel als Verwalter eingesetzt. Ursprünglich war die römische Verwaltung der Insel nur für die Kriegszeiten festgesetzt gewesen und wurde mit dem neuen Amt des Prätors nun einfach ausgedehnt. Das geschah gegen den ausdrücklichen Willen

der korsischen Bevölkerung, weshalb es in der Folgezeit immer wieder zu Aufständen kam. Es herrschte Bürgerkrieg auf der Insel.

Nach Rangeleien zwischen den römischen Besatzern selbst wurde um etwa 30 n.Chr. die eigenständige Provinz Corsica begründet und damit eine Trennung der Verwaltung von Korsika und Sardinien geschaffen. Es folgten etwa 200 Jahre lang vergleichsweise friedliche Zeiten. Teilweise wurde Korsika in dieser Zeit wiederum von römischen Beamten verwaltet. Der Steuerdruck auf die Insel wurde zu dieser Zeit immer höher. Einwanderer ließen sich auf Korsika nieder und es kam zu Völkerbewegungen. Beides führte letztendlich dazu, dass die römische Zentralgewalt die Insel schließlich aufgab. Die Unabhängigkeit erlangten die Korsen damit allerdings nicht. Im Jahr 410 n.Chr. eroberten die Westgoten die Insel, 455 n.Chr. folgten die Vandalen.

Ein Lauffeuer geht um die Insel

Schon bei der Fähranfahrt auf die Insel Korsika nehmen sie unseren Blick in Empfang: die Genuesentürme an der Küste. Bis zu 20 Meter sind sie hoch und etwa zehn Meter beträgt ihr Durchmesser – zumindest war das ursprünglich so. Viele sind mittlerweile zu Ruinen geworden, was den bauchigen Rundtürmen aber nichts von ihrer Mystik nimmt. Nur die wenigsten Türme können besichtigt werden, zu ihnen zählen der Turm von Porto und der von Campomoro (Ausflüge 11, 21). Wie aber kam es zu der flächendeckenden Versorgung der Küste mit den Türmen? Im 16. Jahrhundert, als die Genuesen die Herrschaft über Korsika hatten, trieben nordafrikanische Piraten ihr Unwesen. Die Piraten plünderten, was sie kriegen konnten, und verschleppten korsische Einwohner, um sie zu versklaven. Um sich vor den Überfällen zu schützen, entwickelten die Korsen ein Verteidigungssystem, das sie »Torregiana« nannten. Es handelte sich hierbei um eine Kette von Türmen, gleichmäßig an der Küste verteilt. Da die Türme meist an den Spitzen von kleinen Caps in die Höhe ragten, hatten die Wachen von ihren erhöhten Positionen aus das Meer und die Nachbartürme im Blick. Zwei bis vier Wachen besetzten die Türme. Sobald sie ein feindliches Schiff erblickten, entzündeten sie auf der obersten Plattform ein Feuer, das die Wachen auf dem Nachbarturm sehen konnten. Diese entzündeten dann selbst wieder ein Feuer. Auf diese Weise wurde die Botschaft von Turm zu Turm weitergegeben und umrundete so die ganze Insel. Die gewarnte Bevölkerung konnte sich in Sicherheit bringen. Dieses System war »billiger«, als eine eigene Schutzflotte auf dem Meer patrouillieren zu lassen.

Die meisten Wachtürme waren in Rundform gebaut. Die Eingänge in fünf Metern Höhe waren nur über Leitern erreichbar. Das kann man heute noch anschaulich am Tour Génoise bei Cargèse nachvollziehen (Wanderung 15). So konnte man im Notfall die Leitern in den Turm hineinziehen und ihn für mögliche Angreifer unzugänglich machen.

Man geht davon aus, dass es insgesamt 150 Türme gab, davon ist heute noch etwa die Hälfte mehr oder weniger gut erhalten. Einen recht eindrucksvollen Überblick über die Piratenzeit und Angriffe vom Meer aus gewinnt man bei der Ausstellung im Tour de Campomoro.

Übrigens gibt es auch ein paar viereckige Exemplare der Wachtürme auf der Insel (zum Beispiel die Türme von Porto, Pino, Morsiglia und Toga), die aber aus einer anderen zeitlichen Epoche stammen und von den Pisanern im 13. Jahrhundert errichtet wurden.

Links: Der Wachturm von Porto.
Rechts: Mächtig beeindruckend: der Tour de la Parata bei Ajaccio.

Ein Fest für Obelix

Der übergewichtige Gallier in der Ringelhose würde sich hier wie im Paradies fühlen, denn seine Leibspeise ist überall auf der Insel anzutreffen. Fröhlich trotten Herden von Wildschweinen auf Wanderwegen entlang, unbeeindruckt vom Verkehr säugen Wildschwein-Mamas ihre Ferkel am Straßenrand. Es ist nicht immer ganz eindeutig, ob es sich um das klassische Wildschwein handelt oder eher um eine abgewandelte Art des Hausschweins – deshalb sollte man sich auf eine Promenadenmischung aus beidem einigen. Tatsache jedenfalls ist, dass es sich nicht um angriffslustige Schweine handelt. Auch wenn man den imposanten Keilern doch lieber mit Vorsicht begegnen sollte, scheinen die Tiere wenig Notiz von naseweisen Touristen zu nehmen. Sie ziehen gelangweilt ihres Weges, wahrscheinlich sind sie der Gäste auf Korsika längst überdrüssig geworden. Die »richtigen« Wildschweine sind sogar äußerst scheu. Füttern sollte man sie allesamt nicht, denn sonst wird man sie nicht mehr los – sie sind ganz schön gefräßig.

Die Schweinchen sind nicht die einzigen Gesellen, die auf Korsika fröhlich frei laufend herumspazieren. Rinder, Pferde, Esel, Ziegen, Schafe und Hühner können ebenfalls in freier Wildbahn gesichtet werden.

Vor allem Kühe bevölkern oft in großen Herden Wandergebiete und marschieren neben den Wanderern her. Besonders beeindruckend ist es, wenn man im Sommer auf den paradiesischen Wiesen rund um den Bergsee Lac de Nino (Wanderung 33) die frei weidenden Tiere beobachten kann.

Die Tier- und Pflanzenwelt der Insel ist innerhalb des Nationalparks »Parc Naturel Régional de la Corse« geschützt, der einige große Wälder, Täler und Gebirgszüge umfasst. Hier leben Mufflons, Hirsche, Wanderfalken, Schildkröten und Feuersalamander – Tiere, die man oft nur im Zoo zu sehen bekommt. Greifvögel wie Steinadler und Bartgeier kann man mit Adleraugen und etwas Geduld vor allem im Hochgebirge der Insel entdecken. Etwas häufiger zu sehen bekommt man Fischadler, die hauptsächlich im Naturschutzgebiet von La Scandola an der Westküste leben und nisten (siehe S. 66). Rund um die geschützten Küstenstreifen leben bis zu 200 Fischarten.

Beim Wandern trifft man mit etwas Glück auf Land- und Sumpfschildkröten. Weitaus häufiger jedoch stößt man auf Mauereidechsen und Feuersalamander. Schmetterlinge sind vor allem im Frühjahr recht zahlreich. Und eine Entwarnung gibt es für alle Menschen mit Schlangen-Phobie: Auf Korsika leben nur zwei Varianten der Zornnatter – und die sind beide ungiftig.

Was beim Wandern aber eine Plage werden kann, ist der Pinienprozessionsspinner. Wer im Biologie-Unterricht aufgepasst hat, weiß bereits,

Weidende Kühe beäugen die Wanderer freundich.

Wer hier wohl vor wem Respekt hat?

dass die Gattung Prozessionsspinner nicht ganz ungefährlich ist. So nett sich die Raupen in Schlangenlinien über den Waldboden schlängeln und eine unzerrüttbare Raupenkette bilden – man sollte tunlichst die Finger von ihnen lassen! So manches Frühjahr auf Korsika hat den Pinienprozessionsspinner sehr reichhaltig hervorgebracht. Dann kann eine Wanderung schnell zum Spießrutenlauf werden, denn schon allein der versehentliche Kontakt beim Vorbeilaufen kann allergische Reaktionen auslösen. Auch Kontakt über die Kleidung, die hinterher mit nackter Haut in Berührung kommt, reicht dafür aus. Schlägt man eine Wanderung ein und sieht schon von weitem die Säckchen mit dem krabbelnden Getier an den Bäumen hängen, sollte man vielleicht auf eine andere Wanderung ausweichen. Im

Vorsicht ist geboten, wenn diese unansehnlichen Säckchengespinste zuhauf an den Bäumen hängen!

Notfall kann man die Hautausschläge mit einer Kortison-Salbe aus der Apotheke behandeln, aber so weit muss es auch nicht kommen.

Es gibt diese Plage nicht jedes Jahr auf Korsika. In manchen Jahren findet man höchstens ein oder zwei solcher Prozessionsketten auf dem Waldboden. Dann wieder sind die Wege gesäumt damit.

Familienurlaub im Nordwesten

Der Nordwesten Korsikas ist nicht ganz eindeutig einzufassen, weil er vor allem recht nahtlos in den Bereich der Westküste übergeht. In unserem Fall soll die Rede sein von den Hafenstädten L'Ile Rousse (Ausflug 1) und Calvi (Ausflug 6) direkt an der Küste und der fruchtbaren Balagne im Hinterland dieser beiden Städte. Das Asco-Tal (Ausflüge 3, 4, 5) beschreibt die südliche Grenze der Balagne, direkt danach geht die Landschaft bereits über in das Hochgebirge Zentralkorsikas.

Während das einsame Asco-Tal eine gut erhaltene genuesische Brücke, einen Schildkrötenpark, Wanderungen in allen Schwierigkeitsstufen und einen voralpinen Hauch bietet, wartet die Balagne (Wanderung 2, Monte Tolu) mit Bergen und sehenswerten Orten auf. Das Kunsthandwerk-Dörfchen Pigna ist ein ebenso großes Erlebnis wie das geheimnisvolle Bergdorf Sant' Antonio. Einen kompletten Szenenwechsel erfährt man dagegen im südlich von Calvi gelegenen Fango-Tal (Ausflug 9). Hier ist es vor allem der namensgebende Fluss Fango, der für Abwechslung sorgt – sei es bei einer außergewöhnlichen Flusswanderung oder beim Badespaß im glasklaren Wasser. Und schließlich bietet der Forêt de Bonifatu (Wanderung 8) noch einmal einen bemerkenswerten Kontrast zu den beiden Tälern. Wandern, schattiger Wald und Flussidylle an heißen Sommertagen locken zu diesem Ort als Ausflugsziel, das von Calvi aus in wenigen Kilometern erreicht ist.

Der Boden ist fruchtbar an der Küste im Nordwesten, das sieht man auf den ersten Blick: Oliven- und Feigenhaine wechseln sich mit Zitrusplantagen ab, die Trauben sollen die besten der Insel sein. Man nennt

Grandioser Ausblick vom Gipfel des Monte Tolu (Wanderung 2).

Ein Strand der besonderen Art ist der Plage d'Argentella (siehe S. 55) mit seinen glatt geschliffenen Steinen.

diesen fruchtbaren Landstrich deshalb auch den »Garten Korsikas«. Neben der Landwirtschaft ist es der Tourismus, der hier vor allem dank der einmaligen Sandstrände blüht. Wer denkt, dass Stadtstrände unattraktiv sind, sieht sich bei Calvi und L'Ile Rousse eines Besseren belehrt. Und wer denkt, der Nordteil der Insel kann mit dem Süden oder anderen Inselabschnitten nicht Schritt halten, irrt ebenfalls. Die Sandstrände sind oft kilometerlang. Dazwischen liegen immer wieder malerische Buchten für das eher einsame Badevergnügen mit flachem, ruhigem Wasser. Und charakteristisch ist für alle Strände zusammen das unglaublich klare und türkis schimmernde Wasser des Mittelmeers.
Angefangen nordöstlich von L'Ile Rousse, über die Stadtstrände von L'Ile Rousse, Algajola und Calvi im Golf von Calvi reihen sich die Strände aneinander. Es ist für jeden etwas dabei und man kann bei der Auswahl des Strandes eigentlich nichts falsch machen.

Bachüberquerung im Forêt de Bonifatu (Wanderung 8).

Die Strände im Nordwesten

Plage d'Ostriconi

Urwaldmäßig mündet der Fluss Ostriconi am gleichnamigen Strand ins Meer. Abgeschieden und einsam, wie es hier ist, wird das Bad im Meer mit einem Hauch Abenteuer verbunden. Der herrliche, helle Sandstrand schmiegt sich in die windgeschützte Bucht von Peraiola. Besonders ungewöhnlich sind die mit Ginster bewachsenen Dünen.

Anfahrt: Von L'Ile Rousse aus ist der Strand etwa 12 km entfernt. Man fährt die N 197 in östliche Richtung und biegt kurz vor dem Strand nach einer scharfen Rechtskurve links auf die D 81 ab. Das Auto am besten an der Straße stehen lassen und ein kurzes Stück zu Fuß zum Strand.

Plage de Lozari

Keine Frage – das smaragdgrüne Wasser und der feine weiße Strand haben einen paradiesischen Touch. Mit 1,5 km Länge bietet er auch in der Hochsaison genügend Platz für alle. Trotzdem ist der Strand wegen des seicht abfallenden Wassers gerade von Familien mit Kindern gut besucht. Es bestehen Wassersportmöglichkeiten, direkt hinter dem Strand liegt ein Feriendorf.

Anfahrt: Ca. 7 km östlich von L'Ile Rousse biegt kurz vor Lozari von der N 197 links eine Straße direkt zum Strand ab.

L'Ile Rousse Plage

Der attraktive weiße Hausstrand der Hafenstadt liegt in einer Bucht mit türkisblauem Wasser direkt hinter der Promenade und etwas versetzt vom Stadtzentrum, ist aber zu Fuß erreichbar. Optimal ist der Sandstrand für Kleinkinder. Aufgrund der umliegenden Infrastruktur kann man sich jederzeit mit Essen und Trinken versorgen. Im Sommer ist der schmale Sandstreifen zwischen Meer und Promenade ordentlich bevölkert.

Anfahrt: Der Strand beginnt am östlichen Ende von L'Ile Rousse und erstreckt sich parallel zur N 197 auf einer Länge von 1 km Richtung Osten. Mehrere Zugänge von der Straße aus.

Plage Bodri

Soll es doch lieber der naturnahe Strand sein? Dann lohnt sich der kurze Weg von L'Ile Rousse aus zum beschaulichen Strand von Bodri. Felsen und Klippen begrenzen den Strand mit dem hellen, feinen Sand und dem smaragdgrünen Meerwasser. Ein kleiner Fußpfad führt durch Macchia-Dickicht in wenigen Minuten zum etwas verdeckt gelegenen Strand hinunter.

Anfahrt: Von L'Ile Rousse aus auf der N 197 etwa 2 km Richtung Calvi.

Plage d'Algajola (d'Aregno)

Etwas turbulenter gestaltet sich das Strandleben am nächsten Sandstrand Richtung Calvi. Am kilometerlangen Plage d'Algajola mit Pizzeria, Snackbars und Bungalows direkt am Strand finden auch Surfer ihr Paradies. Wegen des oft hohen Wellengangs, sollten hier nur Familien mit geübten Schwimmern baden gehen. Auch der Sprung von den Felsen ins türkisfarbene Wasser ist nichts für kleine Kinder. Am Strand entlang zieht sich der Ort Agajola mit Geschäften, Bars und Restaurants.

Anfahrt: Der Strand ist von der Verbindungsstraße L'Ile Rousse – Calvi N 197 an mehreren Stellen zugänglich. Er ist ca. 7 km von L'Ile Rousse und ca. 15 km von Calvi entfernt.

Der Strand von Algajola ist sehr lang und hat meist einen tollen Wellengang.

Plage Arinella

Am Plage Arinella bei Lumio geht es wieder etwas ruhiger zu. Die Bucht ist malerisch und wird von Felsen umrahmt, die einen hohen Attraktivitätsgrad gerade für Kinder bieten. Direkt am Sandstrand befindet sich das Restaurant »Le Mata Hari«. In Richtung Genuesenturm kann man eine der kleineren Buchten mit groberem Sand ansteuern. Dort ist der Wasserzugang flach und somit gut für kleine Kinder geeignet. Wenn gerade keine allzu starke Brandung ist, kann man auch beim Schnorcheln einiges entdecken.

Anfahrt: Vom Zentrum Calvis ca. 5 km auf der N 197 Richtung L'Ile Rousse. Beim Schild »San Petru Restaurant« zweigt eine Straße ab, der man über die Bahngleise hinweg zu einem großen Parkplatz folgt.

Plage Calvi

Ein flacher Zugang ins Wasser macht den Stadtstrand besonders für Kleinkinder attraktiv. Der schmale, feine Sandstrand mit Blick auf die Zitadelle liegt idyllisch unter Pinien, sodass man auch ein Schattenplätzchen ergattern kann. Er startet östlich der Zitadelle und zieht sich über 5 km

entlang der Bucht von Calvi. Windsurfer sind hier ebenso unterwegs wie Bootsfahrer aller Art, es gibt ein gutes Angebot von Strandbars und Kiosken und man kann Sonnenschirme und Liegestühle mieten. Wer also das »richtige« Strandleben sucht, sollte in Calvi baden gehen. Hinter dem Strand windet sich die Bahnlinie des Petit Train entlang – »Lido Plage« ist die Haltestelle direkt am Strand.

Anfahrt: Der Strand verläuft parallel zur N 197, von der aus etliche Verbindungswege zum Strand und zu den Parkplätzen abzweigen.

Golfe de Galéria

Hier fließt der Fluss Fango ins Meer, das heißt, man hat die Auswahl zwischen einem Sprung in den Fluss oder einem Bad im Meer. Der Strand in der Bucht ist lang, breit und mit Kiesbelag. Man findet herrliche, einsame Stellen, wenn man zum hinteren Teil des Strandes marschiert. Manchmal gibt es am Plage du Fango eine richtig gute Brandung.

Anfahrt: Der Verlängerung der aus dem Inland kommenden D 351 zur Küste folgen bis zum Wachturm. Dort parken und auf Fußweg über den Hügel und den Fango zum Meer.

1 ► Temperament im Norden

Der lebhafte Küstenort L'Ile Rousse ab 4 J.

Die Hafenstadt L'Ile Rousse an der Nordküste Korsikas ist anders. Sie ist mit keiner anderen größeren Stadt der Insel vergleichbar, schon allein deshalb, weil sie einen ganz eigenen Rhythmus hat. Hier pulsiert das Leben auch außerhalb der Saisonzeiten. Das ist nicht so verwunderlich, denn L'Ile Rousse hat übers Jahr die meisten Sonnentage der ganzen Insel zu verbuchen und ist dadurch ein beliebter Touristenort. Aber auch die Einheimischen scheinen hier »anders« zu sein. Während sie in den Städten der Süd- und Westküste eher mediterran gemütlich erscheinen, strahlen sie in L'Ile Rousse eine quirlige Betriebsamkeit aus. Vielleicht liegt das daran, dass diese Stadt die jüngste Korsikas ist?

KURZINFO

Anfahrt: Über die N 197, die von Ponte-Leccia aus zur Küste und anschließend an der Küste entlangführt, erreicht man direkt L'Ile Rousse. Das nordöstlich gelegene Calvi ist 24 km entfernt, Ponte-Leccia Richtung Inselinneres 40 km.

Altersgruppe: Ab 4 Jahren.

Besuchsdauer: 1 bis 2 Tage.

Informationen: Office de Tourisme de L'Ile Rousse, Av. Joseph Calizi, BP42, 20220 L'Ile Rousse, Tel. +33/(0)4 95 60 04 35, www.balagne-corsica.com, E-Mail: info@ot-ile-rousse.fr. Öffnungszeiten: Montag bis Freitag 9–12 und 14–18 Uhr, Samstag 9.30–12 Uhr.

Ausrüstung: Bequeme Schuhe und Sonnenschutz.

Einkehr: Um den Place Pasquale Paoli herum gibt es mehrere größere und kleinere Restaurants, Crêperien und Eisdielen. Vom Platz aus Richtung Halbinsel wimmelt es in den engen Altstadtgäss-chen von Restaurants, die meisten davon haben auch auf der Straße bestuhlt.

Unterkunft: Am Ortsausgang von L'Ile Rousse Richtung Calvi gelegen befindet sich direkt an einem schönen Strand der **Campingplatz »Le Bodri«** (Haltestelle der Balagne-Bahn; 20226 L'Ile Rousse Corbara, Tel. +33/(0)4 95 60 10 86, www.campinglebodri.com). Eukalyptusbäume und Pinien spenden Schatten auf dem 7 Hektar großen Gelände. Es gibt einen Kinderspielplatz, einen kleinen Lebensmittelladen und eine Pizzeria. Das Stadtzentrum von L'Ile Rousse ist 3 km entfernt. Zwischen dem Zentrum und dem Stadtstrand von L'Ile Rousse liegt der **Camping Les Oliviers** mit seinen Schatten spendenden Kiefern und Olivenbäumen (20220 L'Ile Rousse, Tel. +33/(0)4 95 60 19 92, www.campingoliviers.com). Wer nicht zelten möchte, kann auf kleine Holz-Bungalows ausweichen. Eine Snackbar, eine Pizzeria und ein Kinderspielplatz gehören zur Ausstattung des Platzes.

L'Ile Rousse weitet sich in alle Himmelsrichtungen aus, was zur Folge hat, dass die Außenbereiche nicht sehr ansprechend sind. Ferienanlagen schießen rundherum wie Pilze aus dem Boden. Der **Stadtkern** allerdings ist sehr charmant. Die Altstadtgässchen sind schachbrettför-mig angelegt und auf ihnen reihen sich Cafés, Restaurants und Souvenirläden aneinander. Das bunte Treiben geht meist bis in die Nacht hinein, wenn die kleinen Gassen hübsch beleuchtet sind. Besonders sehenswert ist die vorgelagerte, ockerrote **Halbinsel.** Mit einem Damm ist sie

Die vorgelagerte Insel gibt dem Ort den Namen.

mit dem »Festland« verbunden und führt direkt in die Altstadt des Ferienortes. Im Licht des Sonnenuntergangs verwandelt sich die Farbe der Porphyrfelsen in ein intensives Blutrot. Diesem Naturspektakel verdankt L'Ile Rousse den Namen – »Die rote Insel«. Der dramatische Sonnenuntergang ist am besten vom Damm aus zu beobachten. Man kann aber auch die Felsen neben dem Hafen erklettern und von oben die faszinierende Farbverwandlung betrachten. Dann hat man sogar den Leuchtturm Piétra mit im Blick, eine der Sehenswürdigkeiten von L'Ile Rousse. Leider ist der Leuchtturm nicht begehbar. Man kann aber unterhalb des Genuesenturms neben dem Fährhafen parken und zum Leuchtturm spazieren. 1857 wurde erstmals ein Signalfeuer auf diesem Turm entzündet. Ein Ausflug lohnt sich, denn selten sieht man einen »richtigen« Leuchtturm von so nahe. Die Felsen fallen unter dem Turm schroff ins Meer hinab, Möwen kreisen darum herum.

Das Leben von L'Ile Rousse dreht sich aber trotz der namensgebenden Halbinsel hauptsächlich um den schattigen Marktplatz, den »Place Pasquale Paoli«. Eine Büste des Freiheitskämpfers und Stadtgründers thront mitten auf dem Platz. Die liebevolle Inschrift weist ihn als Vater der Nation aus und verehrt ihn als Kämpfer für die Freiheit. Von diesem Platz aus startet der »Petit Train«, die nostalgisch aufgemachte Mini-Bahn, die in größeren Städten auf Korsika einfach dazugehört. Freitags findet auf dem Platz der sehr schöne Wochenmarkt statt, bei dem auch die Kids genug zu stöbern und zu bestaunen finden. Auch wenn kein Markt ist, dreht sich für die ganz jungen Touristen ein Karussell, das zur Dauereinrichtung des Marktplatzes gehört. Die säulengestützte Markthalle ist vormittags in Betrieb und eine weitere Attraktion des Marktplatzes. In ihrer unmittelbaren Nähe ist das Zentrum der Boulespieler, denen man geraume Zeit beim Spielen zuschauen kann.

Schließlich geht es über die Bahngleise direkten Weges zum herrlichen **Stadtstrand**. Der Strand vor dem türkisblauen Wasser ist fein und hell, allerdings ist der ganze Strandstreifen sehr schmal. Im Hochsommer stapeln sich die Badegäste. Dann ist es angeraten, via Strandpromenade »de la Marinella« den östlich gelegenen Strand aufzusuchen. Mit Restaurants, Strandbars und Tretboot-Verleih gibt es auch hier alles, was man für einen gelungenen Strandtag braucht. Abseits der »City« ist dieser Strand nicht so überlaufen und bietet mehr Platz. Allerdings ist es nicht so, dass man in dieser Ferienregion keine Ausweichmöglichkeiten hätte. Mehrere herrliche Strände sind mit dem Auto in nur wenigen Minuten erreichbar

Darf auch in L'Ile Rousse nicht fehlen: der »Petit Train«.

(siehe S. 34). Alternativ gelangt man zu diesen schönen Badezielen mit der sogenannten **»Tramway de Balagne«**. Hinter dieser Bezeichnung verbirgt sich eine korsische Schmalspur-Eisenbahn der besonderen Art. Ruckelnd und rumpelnd befördert das antiquierte Bähnchen die Passagiere von L'Ile Rousse nach Calvi. Den Spitznamen »U Trinighellu« – »Die Zitternde« hat die alte Dame sicher zu Recht. Da man sich außerdem während der landschaftlich reizvollen Fahrt in dem schaukelnden Gefährt wie im Wilden Westen fühlt, würde man sich über einen plötzlichen Indianerüberfall kaum wundern. Der Zug hält an allen Stränden zwischen den beiden großen Küstenorten. Man kann an beliebiger Stelle aus- und später wieder zusteigen. Allerdings muss man bedenken, dass die Bahn nicht übermäßig oft am Tag hin und her pendelt (bis Anfang Juli etwa siebenmal täglich, zwischen Anfang Juli und Anfang September je nach Bedarf zwei bis dreimal öfter). Auch ohne Stopp an einem Badestrand ist die Fahrt ein Erlebnis besonders für jüngere Kinder. Um Calvi zu besichtigen, wenn man in L'Ile Rousse sein

PARC DE SALECCIA

Nur vier Kilometer von L'Ile Rousse entfernt liegt der Parc de Saleccia (an der N 197 Richtung Osten). Die sieben Hektar große mediterrrane Parkanlage ist inmitten der korsischen Macchia ein Ort des Zaubers. Nach Lust und Laune kann man auf dem Romantik-Pfad, dem Wildnisweg oder im Oleander-Tal lustwandeln. Ein schön gelegener, großer Spielplatz sorgt dafür, dass auch die Kleinen ihre Erfüllung im Park finden. Ein kleines Restaurant und Getränkestände sind vorhanden.

Öffnungszeiten: Von Anfang April bis Mitte Okt. 9.30–19 Uhr, an Sonn- und Feiertagen 10–19 Uhr, montags und samstags 14–19 Uhr geöffnet, im Juli und Aug. täglich 10–19.30 Uhr.

Eintritt: Erwachsene 8 €, Kinder und Jugendliche von 5 bis 18 Jahren 6 €, Familientickets für zwei Erwachsene und jüngere Kinder 23 €.

Feriendomizil hat, ist die Fahrt auf jeden Fall eine abenteuerlichere Anreise als mit dem Auto, wenn auch etwas teurer (Erwachsene 5,40 €, Hin- und Rückfahrt 8 €, Kinder 1,80 €, Hin- und Rückfahrt 3,60 €; letzte Bahn ab Calvi um 19.41 Uhr, ab L'Ile Rousse um 20.46 Uhr).

HALLO KINDER,

wisst ihr, wie die Hafenstadt L'Ile Rousse zu ihrem Namen kam? Ursprünglich hieß sie Paoliville bzw. Paolina, weil einmal mehr der Freiheitskämpfer Pascal Paoli seine Finger im Spiel hatte. 1759 soll er das Städtchen in der Balagne gegründet haben. Sinn der Stadtgründung war, einen korsischen Gegenpol zur nahen Küstenstadt Calvi zu schaffen, die damals in genuesischer Hand war. Die Umbenennung in den französischen Stadtnamen L'Ile Rousse fand während der Französischen Revolution statt. Noch heute lehnen die Einwohner die französische Bezeichnung ab. Das äußert sich unter anderem darin, dass auf Straßenschildern hartnäckig »Isula Rossa« zu lesen ist – das ist der korsische Begriff für die »Rote Insel«.

2 Ausguck auf die Balagne

Besteigung des Monte Tolu (1332 m) ab 6 J.

Selten zeigt sich die für Korsika so typische Nähe von Gebirge und Küste so eindrucksvoll wie in der Balagne. Eben haben wir noch am Strand Sandburgen gebaut und sind Wellen geritten und im nächsten Moment erklimmen wir einen 1300 Meter hohen Berg, ohne uns dafür nennenswert vom Meer zu entfernen. Das spornt auch Kinder an, einmal einen etwas höheren Gipfel zu besteigen. Denn der Ausblick, der sich auf die Hügel der Balagne und das Meer mit seinen Küstenstädtchen als Belohnung bietet, lässt niemanden kalt. Staunend stehen Bergsteiger jeden Alters da und blicken ehrfurchtsvoll in die scheinbare Unendlichkeit. Doch unser Ziel, der Gipfel des Monte Tolu, ist nicht der einzige Aussichtspunkt auf der Wanderung. Schon der Weg dahin ist gesäumt mit Rundumblicken, die ihresgleichen suchen.

KURZINFO

Ausgangspunkt: Der Pass Bocca di a Battaglia, 1101 m.

Anfahrt: Von der Küstenstraße N 197 aus biegt man in L'Ile Rousse auf die D 63 Richtung Costa und Speloncato ab. Das schmale Bergsträßchen Richtung Pioggiola zum Pass Bocca di a Battaglia zweigt kurz nach der Ortschaft Speloncato links ab und windet sich ca. 6 km kurvenreich bis zum großen Parkplatz bei der Snackbar auf der Passhöhe.

Anforderungen: Vorwiegend unschwierige Wanderung mit zwei Kraxeleinlagen, für die Trittsicherheit vonnöten ist. Die Route ist orange markiert. Kein Schatten!

Altersgruppe: Ab 6 Jahren.

Gehzeit: 3.30 Std.

Weglänge: 7,1 km.

Höhenunterschied: Gut 300 m im An- und Abstieg.

Ausrüstung: Bergschuhe, Sonnenschutz, eventuell Fernglas.

Einkehr: Am Pass gibt es eine Refuge, hier ist ein Belohnungs-Eis erhältlich. Ansonsten sind sehr schöne Restaurants und Straßencafés in der nahen Ortschaft Speloncato vorhanden.

Unterkunft: An der Küste im Norden der Insel befinden sich zahlreiche Campingplätze zwischen L'Ile Rousse und Calvi, die meisten direkt am Strand. In L'Ile Rousse gibt es beispielsweise den Platz »Les Oliviers« (siehe S. 36) und in Calvi »La Pinède« (siehe S. 52).

Die Ausblicke sind auch schon vor Erreichen des Gipfels gigantisch.

Aufmerksam beäugen die Kühe unseren Klettereinsatz.

Am Pass **Bocca di a Battaglia** (1) betreten wir durch ein Tor Weideland. Der Weg führt vorbei an grasenden Kühen, die uns beobachten, und geht in einen von Macchia gesäumten, schmalen Bergpfad über. Leicht bergan wandern wir über einen Höhenrücken. Der Weg ist durchgehend gut erkennbar und zuverlässig markiert, was vor allem bei der Kraxeleinlage kurz vor Erreichen des Monte Tolu hilfreich ist. Davor geht es einfach immer Richtung Westen, und nur einmal kreuzt an der **Bocca di Croce d'Olu** (4) der Fernwanderweg L'Ile Rousse – Corte unseren Weg. Ansonsten verwirren uns keinerlei Wegverzweigungen. Der Weg verläuft nicht stetig bergauf, sondern abwechslungsreich im Auf und Ab durch die sich ständig verändernde Umgebung. Die Hochfläche, die wir begehen, ist allerdings absolut schattenlos, weshalb man nicht bei der größten Tageshitze losmarschieren sollte. Wegen der klaren Sicht sind die Abendstunden eine gute Zeit für die Wanderung, die Refuge am Parkplatz schließt jedoch schon früh und für das Belohnungs-Eis nach der Tour könnte es dann knapp werden.

Bevor wir direkt vor dem Monte Tolu einen Sattel erreichen, gilt es, die

HALLO KINDER,

Was vom Gipfel des Monte Tolu aus gesehen so geheimnisvoll wie ein Adlerhorst an einem schroffen Felsen liegt, ist das Balagne-Dörfchen Speloncato. Der Name des Ortes mit den engen Gässchen, den streunenden Hunden und den Durchfahrten, durch die kein Auto zu passen scheint, kommt von »Spelunca«. Das ist korsisch für »Felshöhle«. Ein großes Loch in einem Felsen am gegenüberliegenden Hang ist für diese Namensgebung verantwortlich. Das Loch sieht man am besten von der kleinen Gasse rechts der Kirche aus. Auf dem malerischen Dorfplatz mit einem Brunnen kann man bei einem Eis das Dorfleben beobachten.

erste der beiden **Klettereinlagen** zu bewältigen. An
Felsplatten und Geröll kraxelt man seitlich am Berghang entlang, kritisch beäugt von den auf dem
Bergrücken grasenden Kühen. Dann
noch ein letztes ebenes Wegstück
mit fantastischem Blick aufs Meer,
und wir beginnen den endgültigen
Anstieg auf den Monte Tolu. Hierfür
nehmen wir uns zunächst den Süd-
hang vor, bis wir in einer Rinne den
Berg von links bezwingen. Dabei
bringen wir gut 50 Höhenmeter hinter uns. Nach einem letzten, felsigen
Sattel geht es nun zur Freude aller
»Bergziegen« auf allen Vieren voran.
Schließlich ist es geschafft, und es ist
ein Gefühl wie Fliegen, wenn man
vom Gipfel des **Monte Tolu** (5) aus
den Rundumblick auf sich wirken
lässt. Wer sieht den Weg, den wir
heraufgekommen sind? Wo ist L'Ile
Rousse? Wer erkennt bei guter Sicht
das im Westen liegende Calvi? Und
sieht Speloncato von hier oben nicht

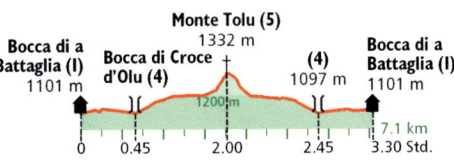

aus wie ein Adlerhorst? Im Süden
ragen der Monte Padru und dahinter das Monte-Cinto-Massiv auf.
Zurück zum Pass Bocca di a Battaglia nehmen wir den gleichen Weg,
das ist aber keinesfalls langweilig.
Denn manche Dinge, die im Eifer
der Bergbesteigung vielleicht gar
nicht wahrgenommen wurden, fallen erst jetzt ins Auge. Da ist zum
Beispiel das rätselhafte **Steinhäuschen** (3) rechter Hand, in dem man
sich prima verstecken und die restli-
che Familie erschrecken kann. Oder
wer hat bereits auf dem Hinweg die
Marmorskulptur (2) mit den inein-
ander verschlungenen Händen gesehen? Die muss jetzt auch noch genau
unter die Lupe genommen werden,
bevor schon bald der Parkplatz und
die Refuge in Sichtweite kommen.

Hier sind Klettergeschick und Spürsinn für den richtigen Weg gefragt.

3 Wo die korsische Schildkröte wohnt

»Le Village des Tortues« im Asco-Tal ab 2 J.

Wenn auf Korsika vom Schildkrötenpark die Rede ist, meint man meist den Park »A Cupulatta« zwischen Corte und Ajaccio (Ausflug 39). Dass es da noch einen kleinen, feinen und leicht versteckten Park im Asco-Tal gibt, geht oft unter oder ist gar nicht bekannt. Das liegt vermutlich daran, dass »A Cupulatta« eine größere Artenvielfalt zu bieten hat. Dafür wird aber in der »Village des Tortues« mit viel Liebe die »Tortue d'Hermann« vorgestellt. Das ist die Schildkröte, die auf Korsika auch in freier Wildbahn lebt und die als typisch korsische Schildkröte gilt.

KURZINFO

Anfahrt: Von L'Ile Rousse aus fährt man über die Küstenstraße N 197 Richtung Ponte Leccia. Kurz bevor man den Ort erreicht, zweigt rechts die D 147 ins Asco-Tal ab (Beschilderung »Haut-Asco«). Die Abzweigung nach Moltifao ist nach ca. 8 km erreicht. Die »Village des Tortues« ist gut sichtbar ausgeschildert und liegt direkt an der D 147.

Altersgruppe: Ab 2 Jahren.

Öffnungszeiten: Ab Anfang Mai von Montag bis Freitag (außer an Feiertagen) 9.30–12 und 14–16.30 Uhr geöffnet. Im Juli und August keine Mittagspause! Geschlossen ab Ende September. Telefonisch kann man sich nach Führungen außerhalb der Öffnungszeiten erkundigen (Tel. +33/(0)4 95 47 85 03 oder Tel. (0)6 71 66 43 69).

Eintrittspreise: Erwachsene 5 €, Kinder 2 €.

Besuchsdauer: 1 bis 2 Std.

Einkehr: Bars und Restaurants im Ort Moltifao.

Unterkunft: Im Asco-Tal bei Moltifao gibt es den Campingplatz »Tizzarella« (20218 Moltifao, Tel. +33/(0)4 95 47 83 92). Am Fluss gelegen mit Swimmingpool ist er idyllisch und familiengerecht zugleich. Eine Bar und ein Restaurant sind vorhanden. Ebenfalls am Fluss liegt der Campingplatz »E Canicce« (20218 Moltifao, Tel. +33/(0)4 95 35 16 75, www.campingecanicce.com. Hier kann man auch charmante kleine Steinhäuschen mieten. Von beiden Plätzen aus sind auch der Kletterpark im Asco-Tal (Ausflug 10b) und das Mufflon-Museum im Tassineta-Tal (Wanderung 5) gut zu erreichen.

Kleiner, aber feiner Schildkrötenpark im Asco-Tal.

Die »Tortue d'Hermann« ist die typisch korsische Schildkröte.

Das kleine, vom korsischen Naturpark verwaltete Schildkrötendorf liegt nahe der Ortschaft Moltifao am Beginn des schönen Asco-Tals. Im Vordergrund der Ausstellung steht der Schutz der Tortue d'Hermann und das Ziel, sie vor dem Aussterben zu bewahren. Diese besondere Schildkröte gibt es schon seit über einer Million Jahren, weswegen sie als lebendes Fossil bezeichnet wird. Sie ist die letzte Landschildkrötenart, die man heute noch in Frankreich kennt, und kommt nur noch im Massif des Maures (Südfrankreich) und auf Korsika vor.

Der Park in Moltifao bringt dem Besucher die faszinierende Welt dieser gepanzerten kleinen Wesen näher. Lebensweise, ökologische Anforderungen und die Bedeutung des Schutzes werden dargestellt. Natürlich wird hier auch Nachwuchs naturnah gezüchtet und gezielt in die freie Wildbahn entlassen, um die Erhaltung der Art zu gewährleisten. Wer die Village des Tortues im Hochsommer besuchen möchte, sollte dies am Vormittag oder Nachmittag tun. In der Mittagshitze verkriechen sich die Tiere gerne. Ein Lehrpfad führt zu den Gehegen und Stationen.

WANDERTIPP

Eine geheimnisvolle Wanderung um den Schildkrötenpark herum kann man auf dem »Sentier de Découverte Tizzarella« unternehmen. Gleich hinter dem Park und dem Steinhäuschen geht es los. Man erkennt den Einstieg an einem großen Wanderschild. Eine Schildkröte weist den Weg aus und erklärt dem neugierigen Wanderer, dass es unterwegs viel zu entdecken gibt. Es ist ein wahrer Märchenwald, den man betritt, und an Pfählen finden sich Info-Tafeln über die Pflanzen und Besonderheiten der Gegend. Auch Mythen und Legenden werden erzählt, aber jetzt soll nicht mehr verraten werden … Der einfache Rundgang dauert etwa eine Stunde. Im Anschluss erwarten müde Wanderer ca. einen Kilometer taleinwärts nach dem Schildkrötenpark herrliche Badebecken im Asco. Man erkennt die richtige Stelle rechts an einem Parkplatz, der im Sommer sehr voll ist.

4 ▶ Spaziergang mit Badeziel

Die Pont Génoise im Asco-Tal

ab 3 J.

Genuesische Brücken gibt es so viele wie genuesische Türme auf Korsika. Von jeder heißt es, dass es die bekannteste und schönste ist. Diese Attribute treffen auch auf die Pont Génoise von Asco zu. Erhaben spannt sie sich über den Fluss Asco, abseits der Verkehrsstraße, und deshalb sowohl schön zu erwandern als auch ideal zum Baden.

KURZINFO

Ausgangspunkt: Das Bergdorf Asco, 620 m, im gleichnamigen Tal.

Anfahrt: Von L'Ile Rousse aus fährt man über die Küstenstraße N 197 Richtung Ponte Leccia. Kurz bevor man den Ort erreicht, zweigt rechts bei Ponte Rossu die D 147 ins Asco-Tal ab (Beschilderung »Haut-Asco«). Asco ist knapp 17 km von dieser Abzweigung entfernt.

Anforderungen: Einfacher Spaziergang, auf dem Rückweg mit Steigung zum Dorf hinauf.

Altersgruppe: Ab 3 Jahren.

Gehzeit: 1 Std.

Weglänge: 1,7 km.

Höhenunterschied: 100 m im An- und Abstieg.

Ausrüstung: Wanderschuhe oder Trekkingsandalen, Badesachen, Picknick.

Einkehr: In Asco gibt es urtümliche Bars und Restaurants mit korsischen Spezialitäten.

Unterkunft: Campingplatz »Monte Cinto« (siehe S. 48) im Asco-Tal zwischen dem Ort Asco und dem Plateau Ascu-Stagnu (Haut-Asco) in herrlicher Lage. Der Platz ist ein hervorragender Ausgangspunkt für Unternehmungen innerhalb des Asco-Tals.

Wissenswertes: Eine der Spezialitäten des Asco-Tals ist der Honig. Es gibt ihn in allen Geschmacksrichtungen und er ist köstlich. In der Bar, auf die man als erstes in Asco trifft, kann man von den verschiedenen Sorten Kostproben nehmen. Viele Leute kommen nur zum Kauf von Honig nach Asco!

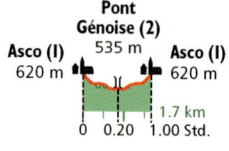

Man stellt das Auto im Bergdorf **Asco** (1) ab. Das Dorf selbst ist schon ein Erlebnis. Kühe spazieren gemächlich durch den Ort und verstellen den Autofahrern nicht selten den Weg. Dass in dem kleinen charmanten Ort – der einzige übrigens weit und breit im Tal – immer noch Hirten leben, merkt man an den einheimischen Erzeugnissen, die es hier zu kaufen gibt.

Durch Asco führen zwei Ortsstraßen. Man nimmt die untere, von der es links zum Friedhof abgeht. Man kann aber nicht bis zum Friedhof fahren, sondern parkt an der **Kapelle** an der Abzweigung zum Friedhof. Hier ist der Starpunkt des Spaziergangs. Der schmale Pfad führt am Berghang entlang abwärts, er ist nicht markiert, aber kaum zu verfehlen. Wir marschieren direkten Weges in die zerklüftete und verlockende Schlucht hinein, die der Asco hier geschaffen hat. Kurz bevor man die Brücke erreicht, trifft man auf das asphaltierte Sträßchen, das von Asco herunterkommt (bis hierher könnte man auch mit dem Auto fahren). Die **Pont Génoise** (2) ist danach gleich erreicht. Die auf beiden Seiten ungesicherte Steinbrücke

![Das Ziel des kleinen Ausflugs ist die abenteuerliche, genuesische Brücke.]

Das Ziel des kleinen Ausflugs ist die abenteuerliche, genuesische Brücke.

wirkt geheimnisvoll in ihrer Mächtigkeit, als hätte sie jede Menge alter Geschichten zu erzählen. Die Bauweise hat einen gotischen Einschlag, weswegen sich die Brücke auch tatsächlich von den anderen genuesischen Brücken unterscheidet. Wegen des fehlenden Verkehrs außen herum fühlt man sich in die Zeit der Genuesen zurückversetzt, als diese Brücke gebaut wurde, um einen Zugang zu einer Schäferei auf der anderen Flussseite herzustellen. Unter der Brücke hindurch fließt smaragdgrünes, glasklares Wasser. Mit ein wenig Kletterei erreicht man an mehreren Stellen den Fluss und die Badebecken und kann sich in die Fluten des herrlichen Gewässers stürzen. Vor der Brücke ist der Fluss eher flach, aber flussabwärts tun sich einige tiefe Becken auf, in die man über die rechts und links hochragenden Felsen auch aus zwei oder drei Metern Höhe hineinspringen kann. Wenn man das absolut ungestörte Badevergnügen sucht, kann man auch flussabwärts eine kleine

Gumpentour starten und so lange durch den Asco klettern, wandern und schwimmen, bis man eine schöne Bade- und Picknickstelle gefunden hat, an der weniger Trubel als an der Brücke selbst herrscht. Etwa 300 Meter flussabwärts befindet sich eine solche schöne Stelle.

Auf dem gleichen Weg geht es nach dem Badevergnügen von der Brücke wieder hinauf nach **Asco**.

5 ▶ Das Tal im Tal

Am Fluss Tassineta im Asco-Tal

ab 6 J.

Das Asco-Tal ist romantisch, abwechslungsreich und abenteuerlich. Die enge Schlucht, die der Fluss Stranciacone hier gefräst hat, ist von felsigen Bergkämmen umgeben. Kiefern spenden Schatten im ganzen, 13 Kilometer langen Tal. Und als ob das alles nicht schon genug wäre, gibt es auch noch Seitentäler, die ebenfalls erforscht werden möchten! Eins davon ist das Tassineta-Tal zwischen Asco und Haut Asco, für dessen Existenz der gleichnamige Fluss verantwortlich ist. Das Seitental zweigt in nordwestliche Richtung vom Asco-Tal ab und kann auf zwei Arten entdeckt werden: zu Fuß oder als Gumpentour.

KURZINFO

Ausgangspunkt: Parkplatz am »Maison du Mouflon et de la Nature«.

Anfahrt: Von L'Ile Rousse aus fährt man über die Küstenstraße N 197 Richtung Ponte Leccia. Kurz vor dem Ort zweigt rechts die D 147 ins Asco-Tal ab (Beschilderung »Haut-Asco«). 7 km nach dem Ort Asco und 3 km nach einer Brücke, über die wir die Flussseite wechseln, erreicht man rechter Hand den großen Parkplatz und das Mufflon-Museum.

Anforderungen: Vorwiegend unschwierige Wanderung auf felsigen Pfaden mit individuell wählbaren Kraxeleinlagen. Die Route ist nur teilweise mit Steinmännchen markiert.

Altersgruppe: Ab 6 Jahren.

Gehzeit: 3 Std.

Weglänge: 5,4 km.

Höhenunterschied: 270 m im An- und Abstieg.

Ausrüstung: Bergschuhe, Badesachen, für die Gumpentour empfehlen sich Badeschuhe.

Einkehr: Unterwegs keine Einkehrmöglichkeit. Das kleine Dorf Asco hat eine Refuge, eine Bar und ein Restaurant jeweils direkt an der Durchfahrtsstraße, sodass man sich nach der Tour mit einem Eis oder einem »richtigen« Essen belohnen kann.

Unterkunft: Etwa 2 km vom Parkplatz entfernt Richtung Haut-Asco gibt es den Campingplatz »Monte Cinto« (20276 Asco, Tel. +33/(0)4 95 47 86 08, http://ascocamping.free.fr). Der naturbelassene Platz liegt wunderschön und schattig im Forêt d'Asco und hat Zugang zum Fluss, einen kleinen Laden und Erfrischungen, die man auf der Terrasse genießen kann.

Wer sich für die **Gumpentour** entscheidet, kann direkt am Kopfende des Parkplatzes beim Mufflon-Museum einsteigen – der Tassineta-Bach weist den weiteren Weg. Als Flusswanderung eignet sich der Tassineta ganz hervorragend, denn er ist an vielen Stellen flach und gut »begehbar«. Die tieferen Becken kann man durchschwimmen, man kann aber auch sehr gut über die nicht allzu hohen Felsen außenher-

Zu Besuch Bei Mufflon & Co

Lebendige Mufflons laufen hier leider keine herum, aber im »Maison du Mouflon et de la Nature« trifft man trotzdem auf diese seltene Tierart. Es handelt sich bei den gehörnten Tieren um eine Unterart des Wildschafs. Zu erkennen sind die Mufflons an den schneckenförmig eingedrehten Hörnern der Widder. Bei den Weibchen sind sie etwas kleiner und nach hinten gebogen. Man kann davon ausgehen, dass die Europäischen Mufflons vor etwa 7000 Jahren mit den Jungsteinzeit-Menschen nach Korsika gekommen sind. Heute sind sie auf der Insel durch Jagd und Wilderei gefährdet. Das Museum leistet einen Beitrag dazu, die Art zu erhalten und zu schützen, und zeigt die Vielfalt der Tier- und Pflanzenwelt des Asco-Tals.

Das Mufflon-Museum befindet sich recht unscheinbar am Kopfende des Parkplatzes oberhalb des Wanderschildes. Man kommt auf dem Weg zum Einstieg in die Wanderung unweigerlich daran vorbei. Im Internet kann man sich vorab informieren unter www.eco-musee-corse.com (Öffnungszeiten: Dienstag, Mittwoch, Donnerstag, Samstag und Sonntag von 10-17 Uhr, in der Vorsaison mittags 12–14 Uhr geschlossen; der Eintritt ist kostenlos).

um klettern. Besonders schöne Badestellen laden zu einem mehr oder weniger ausgiebigen Halt ein. Auf entspannte Weise kann man den Fluss also in beliebiger Länge erwandern. Der Rückweg kann dann alternativ über den Wanderweg links neben dem Tassineta erfolgen, der auch von allen Stellen des Flusses aus gut erreichbar ist.

Unser Augenmerk richten wir heute aber auf die sehr schöne **Wanderung** in das Tal hinein, die noch ein Geheimtipp ist und deshalb nicht gar so überlaufen. Vom **Parkplatz** (1) aus gehen wir an den Kühen vorbei Richtung Maison du Mouflon (2). Unterhalb des Museums befindet sich eine recht hilfreiche Wandertafel, die besagt, dass verschiedene Sektionen des Naturschutzgebietes nicht betreten werden dürfen. Wir

Bald hält uns nichts mehr vom Fluss zurück.

Kleine Wasserrutsch-Partie gefällig?

wählen als Ziel unseres Weges die Bergerie de Tassineta. Sie liegt an der Grenze der Sektion E2 auf dem Plan und damit auch an der Grenze des Gebietes, das man betreten darf (Hunde sind nicht erlaubt). Wir gehen links vom Fluss ins Tal hinein, von vornherein ist der Weg ein felsiges Auf und Ab. Wegmarkierungen gibt es keine, man kann sich seinen Weg frei suchen – beziehungsweise natürlich die Kids suchen lassen. Wir halten uns immer rechts vom Mufflon-Gehege, in dem laut Plan bei der Wanderkarte 160 Mufflons leben – man sieht nur leider keines der sehr scheuen Tiere! Der Weg ist zunächst einigermaßen gut ausgetreten und deshalb leicht zu finden. So stoßen wir auf eine »Kreuzung« (3), an der wir rechts Richtung Fluss abbiegen. Hier taucht auch eine blau-gelbe Wegmarkierung auf, die uns aber nicht zuverlässig weiterbegleitet.

Am Fluss gibt es die ersten herrlichen Badestellen. Wir können aber auch weiterhin oberhalb vom Fluss bleiben, kleine Trampelpfade beziehungsweise Steinmännchen-Gebilde Richtung Wasser weisen auf gute Badestellen hin. Eine herausragend **schöne Badestelle** (4) ist nach etwa einem Kilometer erreicht. Ein geschotterter Pfad führt uns zu der Stelle an den Fluss hinunter. Ein Mini-Wasserfall bereichert den Aufenthalt an diesem Badebecken. Das ist aber bei Weitem nicht die einzige schöne Stelle zum Plantschen – jeder kann sich hier ein einsames Plätzchen suchen. Dank dem umgebenden Kiefernwald ist es im ganzen Tassineta-Tal schön schattig und an heißen Tagen äußerst angenehm. Das klare Wasser ist trotzdem nicht zu kalt für ein erfrischendes Bad.

Wir setzen den Weg fort und passieren eine schicke **Wasserfallrutsche**, die Wagemutige erproben können. Danach folgt eine Kraxeleinlage über Felsblöcke und Felsplatten links am Fluss entlang. Wir müssen wieder selbst nach einem geeigneten Weg forschen. Nach Überwindung dieses Hindernisses geht es erneut in den Wald hinein, mehrere Steinmännchen weisen den Weg. Es folgen wieder einige sehr verheißungsvolle Badestellen. Nach insgesamt etwa drei Kilometern ist schließlich die **Bergerie de Tassineta** (5) erreicht, die leider unbewirtschaftet ist. Auch wenn der Wanderweg sich eigentlich fortsetzen würde, ist die nun folgende Sektion E1 für Wanderer gesperrt. Die Bergerie ist somit die Stelle der Umkehr und auf demselben Weg geht es wieder zurück zum **Mufflon-Museum** und zum **Parkplatz**.

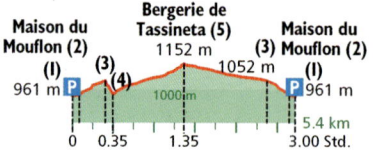

Hält viele Entdeckungen bereit: das Tassineta-Tal.

6 Das Juwel der Balagne

Calvi – das touristische Highlight im Norden ab 4 J.

Calvi, Hauptort der Balagne, wird liebevoll das »Juwel der Balagne« genannt. Tatsächlich hat das kleine Städtchen im äußersten Nordwesten etwas Glamouröses: Hoch oben thront auf einem Felssporn die mächtige, genuesische Zitadelle, ganz unten am Meer kann man an der beeindruckenden Marina flanieren und dazwischen drängen sich bunte Gassen und eine fröhlich wirkende Oberstadt. Das Highlight aber ist unbenommen der Sandstrand von Calvi. Auf einer Länge von sage und schreibe fünf Kilometern zieht sich der feinsandige, helle Strand von der Stadt aus am Golf von Calvi dahin und scheint kein Ende nehmen zu wollen. So nah sind das wahre Strandvergnügen und eine aufregende Stadt einander selten!

KURZINFO

Anfahrt: Die Küstenstraße N 197 führt vom Inselinneren aus über L'Ile Rousse direkt nach Calvi, die N 197 endet hier. Nach L'Ile Rousse im Nordosten sind es 24 km, Galéria südlich an der Westküste ist nach 31 km erreicht.

Altersgruppe: Ab 4 Jahren.

Besuchsdauer: 1 bis 2 Tage.

Informationen: Office de Tourisme de Calvi, Port de Plaisance BP97, 20260 Calvi, Tel: +33/(0)4 95 651667, Fax:+33/(0)4 95 651409, www.balagne-corsica.com, E-Mail: info@balagne-corsica.com. Öffnungszeiten: Juli und August täglich von 9–19.30 Uhr; außerhalb der Saison täglich außer sonntags 8.45–12 Uhr und 14–18 Uhr.

Ausrüstung: Bequeme Schuhe und Sonnenschutz.

Einkehr: In den Gassen der Oberstadt reiht sich ein Restaurant an das andere, Eisdielen und Crêperien, sowie einfache Erfrischungsstände ergänzen das Angebot. Teurer und exklusiver wird es an der Marina, wo sich ebenfalls Restaurant an Restaurant reiht.

Unterkunft: Das Feriendorf »Zum Störrischen Esel« liegt nur wenige Minuten von Calvi entfernt an der N 197 Richtung L'Ile Rousse (20260 Calvi, Tel. +43/55 72 22 42 0-13 (österreichischer Anbieter), www.stoerrischeresel.com). In einem 70.000 qm großen Naturpark gibt es Bungalows und Wohnzelte zu mieten. Für die Kinder ist einiges geboten, angefangen vom Swimmingpool über einen Kinderspielplatz, Fahrradverleih bis hin zum schönen Sandstrand in unmittelbarer Nähe. Rund um Calvi gibt es auch einige schöne, gut ausgestattete Campingplätze, etwa den Platz »Camping La Pinède«, direkt am Sandstrand in einem schattigen Pinien- und Eukalyptuswald voller Blumen (20260 Calvi, Tel.+33/(0)4 95 65 17 80, www.camping-calvi.com). Hier kann man auch in einer Ferienhütte wohnen. Swimmingpool, Spielplatz und Minigolf sind vorhanden, ebenso ein Laden und ein Restaurant.

Die Zufahrtsstraße trennt die Zitadelle von der Altstadt und dem Hafen.

Calvi – die quirlige Hafenstadt im Norden Korsikas.

Calvi ist ein beliebter Ferienort, was sich gerade in den Sommermonaten deutlich bemerkbar macht. Dann drängen sich die Menschen durch die Zugbrücke, die zur **Zitadelle** führt. Das wuchtige Bauwerk wurde im 13. Jahrhundert errichtet und thront auf einem Kalkhügel. Die mittelalterliche Anlage umfasst mehrere Gebäude, unter anderem den ehemaligen Gouverneurspalast, das Gericht, das Rathaus und das Collège. Zwischen den vielen noch intakten Mauern, ziehen sich enge Gassen.

Calvi hat zur Zeit der genuesischen Herrschaft sehr treu zu Genua gehalten und sich zeitweise sogar gegen die korsische Unabhängigkeit gewehrt. Davon zeugt die Inschrift am Eingang der Zitadelle »Civitas Calvi semper fidelis« – »Die Bürger Calvis sind stets treu«. Wandelt man auf den Spuren der Genua-getreuen Bürger, kann man von den Mauern der Festung aus herrliche Rundumblicke genießen: Auf der einen Seite liegen der Hafen und der Golf von Calvi, auf der anderen das offene Meer. Die Zitadelle erreicht man über den Place Christophe-Colombo, der dem vermeintlich berühmtesten Bürger Calvis gewidmet ist (siehe Kasten, S. 54).

Auch in der sogenannten **Unterstadt** ist einiges los. Gleich am Eingang findet man die Tourismusinformation und den Bahnhof, an dem man in die Balagne-Bahn Calvi – L'Ile Rousse (siehe S. 38) einsteigen kann. Zentrale Anziehungspunkte sind die beiden Straßen Quai Landry und Rue Georges Clemenceau. Feierstimmung herrscht hier zu jeder Jahreszeit, vor allem bei den Festivals und Konzerten. Dann ist in den Gassen, Kneipen und Bars einiges los.

HALLO KINDER,

in der Festung hoch über der Stadt soll angeblich Christoph Kolumbus, der Entdecker Amerikas, geboren worden sein. Da muss die kleine korsische Stadt sich mit ganz schön viel Konkurrenz herumschlagen, denn auch Städte in Italien, Spanien und Portugal behaupten, bei ihnen sei der berühmte Entdecker in der Wiege gelegen. Tatsache ist, dass Calvi lange in genuesischer Hand war und sich sogar gegen die Unabhängigkeit Korsikas gewehrt hat. Genau in dieser Zeit, nämlich in der Mitte des 15. Jahrhunderts, kam das Gerücht auf, hier sei Kolumbus als Genuese geboren. Auf jeden Fall erinnert ein Denkmal am Eingang der Zitadelle an den Seefahrer und auch eine Straße, die Rue Colombo, ist nach ihm benannt. Natürlich ist es genau die Straße, in der er geboren worden sein soll! Und natürlich gibt es auch das vermutete Geburtshaus mit Gedenktafel daran. Einige Tatsachen unterstützen die Wahrheit dieser Annahme. So wohnten im 18. Jahrhundert immer noch die Columbus' in dieser Straße. Und der Sohn des Christoph Kolumbus, Don Fernando, versicherte seinen Mitmenschen, sein Vater sei an der korsischen Küste geboren. Als Sohn muss er das ja wohl genau wissen ...

Da strahlt der lange, schmale und von einem Piniengürtel gesäumte **Sandstrand** schon mehr Ruhe aus. Er gilt als einer der schönsten der Insel, und gerade für Familien mit kleineren Kindern ist er ideal. Das Wasser wird nur sehr langsam tief, und deshalb können die Kleineren im seichten Wasser bedenkenlos plantschen. Bars und Strandrestaurants sorgen für die nötige Verpflegung, sodass der Strandtag in vollen Zügen genossen werden kann. Wer tiefer ins Meer eintauchen möchte, findet am Yachthafen von Calvi einige Anbieter für Tauchgänge. Auch Kinder sind besonders willkommen (ab ca. acht Jahren). Es werden Kurse für alle Kenntnisstände angeboten, auch Anfänger können die faszinierende Unterwasserwelt kennenlernen.

Calvi ist aber auch Abfahrtsort für einige interessante **Bootsausflüge**. Ganz oben auf der Liste der attraktiven Ziele steht eine Fahrt zum Naturschutzgebiet von **La Scandola** an der Westküste (siehe S. 66). Es gibt Tagesfahrten, die über neun Stunden dauern und einen Zwischenstopp in Girolata beinhalten, Halbtagesfahrten ohne Zwischstopp oder abenteuerliche Ausflüge mit dem Katamaran-Boot, mit dem auch die **»Grotte des Vieux-Ma-**

Im Hafen von Calvi.

rins« südwestlich von Calvi angesteuert werden kann. Bei ruhigem Seegang fahren die Schiffe in die 200 Meter lange Grotte hinein. Die Grotte ist ebenso wie das Naturreservat La Scandola vom Land aus unzugänglich.

Ein tolles Ausflugsziel und eine Möglichkeit, den hochsommerlichen Temperaturen an der Küste zu entkommen, ist der nahe **Forêt de Bonifatu**. Der märchenhafte Kiefernwald befindet sich in einem Talkessel und bietet viele schöne Wandermöglichkeiten (Wanderung 8). Der Fluss Figarella plätschert munter durch den Wald, und seine Gumpen sind eine schattige Bade-Alternative zu den Mittelmeerstränden.

Soll es aber doch ein außergewöhnlicher Strand sein, kann man einen Kieselstrand der Luxusklasse besuchen. Steine in allen Größen und Farben glitzern um die Wette. Das Meer hat die meisten Steine rund

geschliffen, es ist ein Erlebnis, hier – am besten barfuß – nach Kostbarkeiten zu stöbern. Die Rede ist vom **Plage d'Argentella**. Er liegt bei Argentella zwischen Calvi und Galéria an der D 81B. Diese Straße sollte man als Alternative zur »Rennstrecke« D 81 Richtung Forêt de Bonifacio und Fango-Tal zumindest einmal auf dem Hin- oder Rückweg fahren. Traumhafte Ausblicke und schöne Stopps an eher einsamen Stränden sind garantiert!

Zu guter Letzt gibt es noch recht nah an Calvi ein lohnenswertes Ziel: Die Statue **Notre Dame de la Serra** bewacht auf einem Hügel südwestlich von Calvi die Zitadellenstadt. Man kann von Calvi aus zu Fuß in zwei Stunden dorthin marschieren oder mit dem Auto der Küstenstraße Richtung Süden folgen. Etwa vier Kilometer außerhalb von Calvi weist ein Schild links den Weg zur Kapelle hinauf.

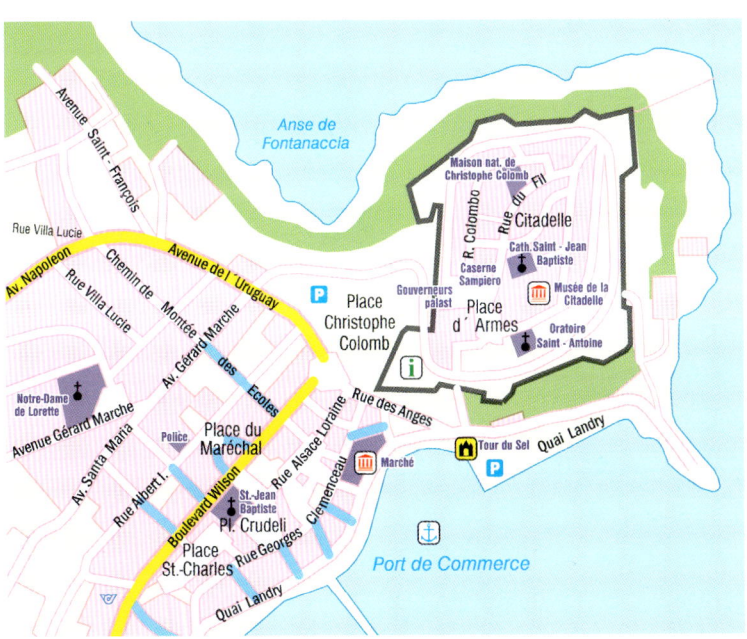

7 Zu Pferd in die Berge und ans Meer

Spezial-Ausritt des Reiterhofes »A Cavallu«   ab 8 J.

Der Reiterhof selbst nennt diesen ganz besonderen Ausritt »Spezialität des Hauses« – und das ist er auch. »La Mer et Montagne« heißt der zweistündige, geführte Ausritt des Hofes A Cavallu, der die Reiter durch wohlduftende Macchia und kleine Bachläufe in die beginnende Bergwelt hinter Calvi bringt und am Ende der Tour zum Strand von Calvi führt.

KURZINFO

Anfahrt: Der Reiterhof befindet sich am Ortseingang von Calvi aus Richtung L'Ile Rousse kommend. Nach dem Kreisverkehr (an dem es links zum Flughafen geht) folgt rechts ein gelbes, altes Hinweisschild mit Aufschrift »A Cavallu« und direkt danach führt ein schmaler Zufahrtsweg rechts ab zum Hof.

Altersgruppe: Ab 8 Jahren.

Öffnungszeiten: Ganzjährig geöffnet. Ausreitzeiten sind je nach Saison unterschiedlich und können telefonisch erfragt werden. Der Termin für einen Ausritt sollte unter Tel. +33/(0)4 95 65 22 22 oder vor Ort im Voraus vereinbart werden. Die Inhaberin, die Reservierungen entgegennimmt, spricht Deutsch.

Preise: Ein einstündiger Ausritt kostet 24 €, zwei Stunden 48 € (jeweils pro Person, auch Kinder), Ponyreiten für kleinere Kinder 10 € für 15 Minuten.

Ausrüstung: Reithelme können entliehen werden. Ansonsten muss jeder Reiter eine lange Hose und Sport- oder Wanderschuhe tragen.

Einkehr: Der Reiterhof liegt am Beginn des langen Sandstrandes von Calvi mit zahlreichen Restaurants und Strandbars.

Unterkunft: Der wunderschön am Strand gelegene Campingplatz »Dolce Vita« hält, was der Name verspricht. Er ist nur wenige hundert Meter vom Reiterhof entfernt (direkt vor dem Kreisverkehr) und von der N 197 aus gut ausgeschildert (20260 Calvi, Tel. +33/(0)4 95 65 05 99, www.dolce-vita.org). Der Drei-Sterne-Platz ist von Anfang Mai bis Ende Sept. geöffnet und wird vom Meer und vom Fluss Figarella gesäumt. Für Kinder gibt es Außen- und Innenspielplätze. Zur Ausstattung gehören außerdem ein Tennisplatz, Boccia und Tischtennis sowie ein kleiner Lebensmittelladen, ein Imbiss und eine Pizzeria (teilweise nur in der Hochsaison geöffnet).

Bereits Kinder ab acht Jahren dürfen bei diesem Ausritt mitreiten. Allerdings achtet die Besitzerin streng darauf, dass die Gruppen nach Anfängern und Fortgeschrittenen eingeteilt werden. Fortgeschrittene Reiter, die mindestens einmal die Woche regulären Reitunterricht vorweisen können, dürfen nicht nur Schritt und Trab gehen, sondern auch galoppieren. Die Anfänger-

Die Pferde des Betriebs sind liebenswürdig und ausgeglichen.

Gruppen dürfen ebenfalls frei reitend ins Gelände, allerdings verläuft die Tour dann leicht anders und es entfällt der Galopp. Die Pferde sind sehr gutmütig, trittsicher und sie kennen ihren Weg. Man muss sich also auch als Anfänger keine Sorgen machen, dass das Pferd einen anderen als den gewünschten Weg geht – in der dichten Macchia ist das auch kaum möglich!

In Gruppen mit maximal zehn Teilnehmern geht es los in die Wildnis bei Calvi. Dass man lange Hosen tragen muss, ist nicht nur in reiterlicher Hinsicht sinnvoll: Schon bald wird klar, dass so manches Dornengestrüpp in der Macchia wächst – und die Reitwege sind teils sehr eng, sodass man um das lange Beinkleid dankbar ist. Besonders schön erleben Pferd und Reiter die kurzen Passagen durch Seitenarme des Figarella und andere plätschernde Bäche. Der Wilde Westen lässt grüßen!

Wir arbeiten uns auf abenteuerlichen Wegen langsam bergauf. Unterwegs gibt die Führerin der Truppe, die neben Französisch auch ein wenig Englisch spricht, interessante Informationen zu Flora und Fauna und weist auf besondere Pflanzen im Macchia-Mix hin. Die exotisch duftenden Pflanzen kann man im Vorbeireiten auch pflücken und beschnuppern. Dann erreichen wir einen Aussichtspunkt mit sagenhaftem Blick über die Bucht von Calvi und den weißen Sandstrand.

Nach ein wenig Auf und Ab am Berghang geht es zurück, diesmal mit direktem Kurs zum Meer. Der Ritt am Strand gerät allerdings ein wenig zu kurz. Wer Fan eines herrlichen Galopps am Strand ist, sollte besser den einstündigen Ausritt »La Pinède« wählen. Dieser führt längere Passagen am Strand entlang und

Durch dichte Macchia führt die Reitstrecke in die Hügel hinter Calvi.

durch den angrenzenden Pinien- und Eukalyptuswald – an heißen Tagen eine gute Alternative zu der fast schattenlosen Bergtour.

Auch die ganz Kleinen kommen am Reiterhof »A Cavallu« auf ihre Kosten: Geführt von den Eltern dürfen sie eine Runde auf Ponys über das weitläufige Gelände des Reiterhofs genießen. Alle Tierfans sind ausdrücklich eingeladen, an ihren Mini-Ausritt eine ausgiebige Besichtigung des Reiterhofes anzuschließen.

Im Sommer (Juli und August) gibt es übrigens noch eine dritte Art des »Ausreitens«: mit den Pferden baden gehen! Für unerschrockene Reiter – möglichst in Badebekleidung – geht es hoch zu Ross ins Meer hinein. Aber keine Angst: Die Pferde gehen nur so weit hinein, dass sie noch festen Boden unter den Hufen haben; schwimmen muss niemand – weder Pferd noch Reiter.

8 ► Felsen, Gumpen und vor allem: Wald!

Entdeckungstour im Forêt de Bonifatu   ab 6 J.

Die »gängige« Wanderung im vielseitigen Wald von Bonifatu führt eigentlich zur abenteuerlichen Spasimata-Hängebrücke. Aber nun wollen wir auf Korsika ja nicht unbedingt das machen, was alle machen, sondern gerne eigene Wege finden. Zudem ist die Spasimata-Brücke mit sechs Kilometern einfacher Wegstrecke (denselben Weg wieder zurück) ziemlich weit entfernt, sodass wir uns hier für eine familiengerechtere Tour mit sechs Kilometern gesamter Wegeslänge entschieden haben. Dabei erreichen wir ebenfalls eine Hängebrücke und können sogar noch ein erfrischendes Bad im Fluss Figarella oder in einem etwas abseits gelegenen Bach nehmen.

KURZINFO

Ausgangspunkt: Maison Forestière de Bonifatu.

Anfahrt: Von Calvi aus über die D 81 am Flughafen vorbei bis nach Suare. Dort zweigt links die D 251 ab. Dieser folgen bis zum gebührenpflichtigen Parkplatz des Maison Forestière de Bonifatu. Die Straße endet hier.

Anforderungen: Abwechslungsreiche Wanderung mit einigen Höhenmetern, die aber einfach zu bewältigen sind. Trittsicherheit ist von Vorteil. Der Weg ist erst gelb-rot, später rot markiert.

Altersgruppe: Ab 6 Jahren.

Gehzeit: 2.40 Std.

Weglänge: 6 km.

Höhenunterschied: 350 m im An- und im Abstieg.

Ausrüstung: Bergschuhe, Badesachen.

Einkehr: Unterwegs keine. Direkt am Parkplatz befindet sich die »Auberge de la Forêt de Bonifatu«. Im Restaurant gibt es typisch korsische Mittags- und Abendgerichte. In der Bar »Salon de Thé« kann man sich ganztägig mit kleineren Gerichten und Erfrischungen versorgen. Sehr schöne Terrassen.

Unterkunft: Die »Auberge de la Forêt de Bonifatu« bietet Chalets für 6 bis 8 Personen sowie Doppel- und Dreibettzimmer an (20214 Bonifatu, Tel. +33/(0)4 95 65 09 98, http://auberge-foret-bonifatu.com). Zudem gibt es einen sehr idyllischen, einfachen Zeltplatz mit sanitären Anlagen.

Wir parken am **Maison Forestière de Bonifatu** (1). Die »Autobahn« führt die Spasimata-Wanderer in Form eines zunächst breiten Forstwegs in Verlängerung der Straße geradeaus fort. Wir hingegen wenden uns an der untersten Schleife

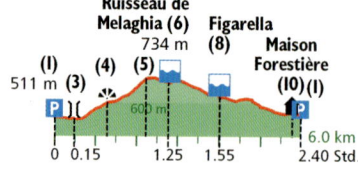

des Parkplatzes nach links in nordöstliche Richtung und folgen der gut sichtbaren rot-gelben Wegmarkierung. Diese bringt uns auf einem zunächst breiten Fußweg direkt hinunter zum Fluss. Wir passieren eine schöne **Badestelle** (2), die wir uns vielleicht für die Rückkehr zur Belohnung aufsparen können. Danach stoßen wir 100 Meter weiter flussaufwärts auch schon auf die genannte **Hängebrücke** (3), die sich modern, aber trotzdem abenteuerlich über den Figarella spannt. Wer

![Highlight auf dem Weg ist die lustig schwankende, moderne Hängebrücke.](image)

Highlight auf dem Weg ist die lustig schwankende, moderne Hängebrücke.

ist schwindelfrei und überquert die Brücke wagemutig als Erster? Ein bisschen Schwanken ist erlaubt, schließlich ist es eine Hängebrücke! Sobald wir wieder festen Boden unter den Füßen haben, geht es richtig los. Wir folgen der gelb-roten Markierung. Zunächst geht es im Zickzack steil den Berg hinauf, wir schaffen dabei etwa 250 Höhenmeter. Der Pfad ist felsig, teilweise auch unwegsam und somit alles andere als langweilig. Da er zu großen Teilen im Schatten des herrlichen Waldes verläuft, sind auch die Höhenmeter nicht gar so strapaziös.

Endlich kommen wir zu einer Stelle, an der wir den Kopf aus dem Wald strecken und an einem hervorspringenden Felsen eine freie **Aussicht** (4) genießen können. Hier merken wir erst, in welcher Höhe wir uns mittlerweile schon befinden! Trotzdem haben wir, obwohl es uns schon allein wegen des Ausblicks so vorkommt, noch nicht die komplette Höhe unserer Tour erreicht, und der Weg steigt mäßig weiter an. Schließlich erreichen wir ein kurzes Stück vor einer Passhöhe eine **Abzweigung** (5). Während uns die gelbe Markierung hier links Richtung GR 20 verlässt, führt unser Weg geradeaus und leicht bergab in ein Tal.

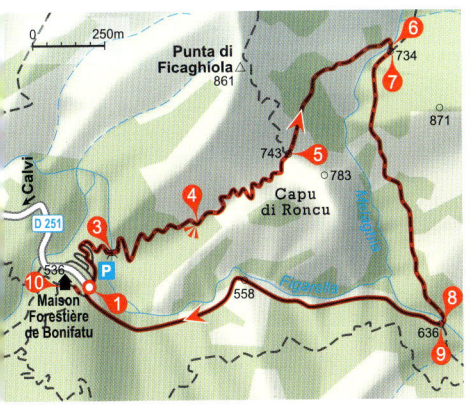

Der riesige Wald von Bonifatu ist schon sehr beeindruckend, vor allem von der schönen Aussichtsstelle (4) aus.

Er ist nun rot markiert und mit »Boucle de Finocchi« ausgeschildert. Schließlich landen wir an einem Bächlein namens **Ruisseau de Melaghia** (6). Bevor wir es für den Weiterweg überqueren, können wir uns ein schönes Becken zum Baden suchen. Dieses ist auch schnell gefunden – 20 Meter bachaufwärts wartet eine wunderschöne **Badestelle** (7) nur auf uns!

Nach dem Plantschvergnügen im glasklaren Wasser geht es wieder zurück zu der Stelle, an der wir über den Bach gehen. Nun folgt ein wunderschönes Wegstück, das beeindruckend und abenteuerlich zugleich ist. Imposant ist die zerklüftete Felswand des Berges, auf den wir jetzt freien Blick haben und den wir gerade bei unserer Wanderung umrundet haben. Eine Besonderheit ist auch die Beschaffenheit des Weges. Wie wir ein Stück weiter oben feststellen konnten, war der Weg einmal als asphaltierter Forstweg angelegt. Hier unten sieht man nun sehr beeindruckend, wie sich die Natur den Weg wieder zurückerobert hat. Er ist felsig und alles andere als eben, sodass man die nächsten eineinhalb Kilometer bis zum **Fluss Figarella** (8) mit »offenen Augen« zurücklegen sollte.

Am Fluss ist der Wendepunkt unserer Wanderung erreicht. Auch hier finden sich wieder zahlreiche Badestellen und vor allem Klettermöglichkeiten für die Kids – auch an die Jüngeren hat Mutter Natur dabei gedacht.

Um mit oder ohne Badestopp zum Ende unserer Tour zu gelangen, überqueren wir den Fluss. Direkt danach erreichen wir wieder den **Hauptweg** (9), der uns talauswärts als breiter Forstweg auf einer Länge von etwa zwei Kilometern zurück zum **Maison Forestière** (10) und zum **Parkplatz** führt.

Bitte schwimmen!

Wasserwanderung durch den Fango   ab 10 J.

Das ist die gehobene Tour für alle Liebhaber von Flusswanderungen! Zwar kann man am Fango viele Stellen umklettern, die durchs Wasser unpassierbar erscheinen – aber man kann hier auch herrlich im glasklaren Wasser schwimmen! Die Becken sind meist recht tief, die Strömung mitunter nicht ohne, sodass man die Sache vorsichtig und nur mit zuverlässigen Schwimmern angehen sollte. So mancher kleiner Wasserfall rauscht von einem Felsen in die Tiefe und führt zu einer naturgegebenen »Gegenstromanlage«, die bewältigt sein will. An heißen Sommertagen ist ein Besuch des Fango auch ohne Durchwanderung ein reiner Genuss. Allerdings ist es dann alles andere als einsam hier. Aber dank der Vielzahl an Badeplätzchen an den Felsen verteilt sich der Andrang dann doch ein wenig.

KURZINFO

Ausgangspunkt: Parkplatz an der Pizzeria Ponte Vecchio im Fango-Tal.

Anfahrt: Von Calvi aus über die D 81 am Flughafen vorbei Richtung Galéria. An der Fango-Brücke biegt man links ins Vallée du Fango ab und folgt an einem Abzweig links der D 351 Richtung Barghiana. Knapp 1 km nach dem Abzweig liegt rechter Hand die Pizzeria Ponte Vecchio.

Anforderungen: Anspruchsvolle Flusswanderung für sichere Schwimmer. Aufgrund der Strömung im Fluss ist auch Kondition unbedingt erforderlich. Einige im Wasser unpassierbare Stellen müssen über Felsen umklettert werden

Altersgruppe: Ab 10 Jahren.

Weglänge und Gehzeit: Beliebig.

Ausrüstung: Badeschuhe, möglichst mit Profil, Badesachen, Sonnenschutz.

Wissenswertes: Große Strecken im Fluss müssen geschwommen werden, weswegen man möglichst nichts mitnehmen sollte, außer die Badesachen, die man trägt. Autoschlüssel und evtl. Fotoapparat transportiert man am besten wasserdicht verpackt in einer gut verschließbaren Tupperdose.

Unser »Weg« am und im Fango – Klettern und Schwimmen im Wechsel.

Einkehr: Sehr günstig gelegen ist die Pizzeria Ponte Vecchiu direkt am Einstieg der Tour.

Unterkunft: Auch wenn der nahe, größere Ort Galéria zwei Campingplätze hat, ist es abenteuerlicher und schöner, direkt im Fango-Tal auf dem **Campingplatz »Tuarelli«** zu übernachten (20245 Tuarelli, Tel. +33/(0)4 95 62 01 75). Der Platz gehört zur Gîte d'étape a Tuarelli und hat eine Zeltwiese, ein Restaurant mit Terrasse und eine schöne Badestelle im Fango.

Los geht's ins Abenteuer – wir bezwingen den Fluss Fango.

Eine gute Einstiegsstelle ist die restaurierte Brücke **Ponte Vecchio**, die etwas versteckt an der linken Straßenseite liegt. Hier kommt man relativ gut ans Wasser hinunter, was nicht überall am Fango der Fall ist. Man überquert dazu die Brücke und zweigt danach rechts ins dichte Gestrüpp ab. Glücklicherweise ist hier eine orangefarbene Markierung vorhanden, sodass wir den Fluss sicher erreichen. Direkt unter der Brücke finden wir auch schon hübsche Badegumpen, aber wir wollen den Fluss ja erwandern. Also geht es direkt hinein ins nasse Vergnügen und zwar flussaufwärts. Es wechseln teils sehr tiefe und lang gezogene Becken mit seichten Passagen. Es gibt auch im Wasser unpassierbare Stellen, zum Beispiel an Wasserfällen, die aber aber rechts oder links vom Fluss über Steinblöcke umklettert werden können. Das ist nicht immer ganz einfach, macht aber jede Menge Spaß. Oberhalb des Flusses verläuft auf der linken Flussseite auch immer ein Umgehungsweg, der bei einem frühzeitigen Ausstieg mehr oder weniger gut erreicht werden kann.

Im Fluss aber lockt derweil nach jedem Hindernis ein neues Abenteuer. Kaum ist ein besonders tiefes Becken überwunden, rauscht den Schwimmern ein kleiner Wasserfall entgegen. An manchen Wasserfällen hat das Wasser richtiggehende »Rut-

DER BESONDERE TIPP

Richtung Galéria wird das Fango-Tal flacher, breiter und zugänglicher, der Fluss behält aber seine Wassertiefe. Mehrere Seitenarme führen durch ein hoch spannendes Naturschutzgebiet. Das schreit geradezu nach einer Durchquerung per Boot. Wie aber kommt man zu einem fahrbaren Untersatz für den Fluss? Kanus und Kajaks gibt es eigens für diesen Bereich des Fango zu leihen! Vom 1. Juni bis zum 30. September kann man täglich von 10 bis 18.30 Uhr diesen Service bei dem Anbieter »Delta du Fangu en Canoe« in Galéria in Anspruch nehmen. Es stehen Einer- und Zweier-Boote zur Verfügung, eine Altersbeschränkung gibt es nicht. Vom Fuße des genuesischen Turms von Galéria aus können die Bootsausflüge gestartet werden. Unterwegs gibt es eine Vielfalt an Pflanzen und Tieren zu beobachten: mit viel Glück entdecken die Seefahrer neben Seerosen und Libellen auch eine Wasserschildkröte, Zwergtaucher oder Fischreiher.
Infos im Internet unter www.delta-du-fangu.com oder unter Tel. +33/ (0)6 22 01 71 89. Eine Stunde Schippern kostet pro Person 5 €.

Rast über den tiefen, kristallklaren Becken des Fango.

schen« in die Felsen geschliffen. Ein besonderer Spaß ist es, über die seitlichen Felsplatten den Wasserfall zu umgehen, um dann über die natürlichen Steinrutschen hinabzusausen!

Nun ist diese Flussbegehung und -durchschwimmung beliebig lange fortsetzbar, man sollte aber bedenken, dass es ein recht kräftezehrendes Vorankommen ist. Prinzipiell kann man an jeder beliebigen Stelle aussteigen. Sowohl die Straße als auch der linksseitige Umgehungsweg sind an vielen Stellen gut erreichbar. So kann man immer den Rückweg antreten, ohne noch einmal den ganzen Weg zurück durch den Fluss zu müssen. Eine mögliche Stelle zur Umkehr bzw. zum Ausstieg wäre die **Pont de Tuarelli**, etwa drei Kilometer vom Einstieg an der Ponte Vecchio entfernt. Dort kann man an der wunderschönen Badestelle neben der Brücke (flussaufwärts) noch einmal zur Entspannung nach der Anstrengung verweilen, während vielleicht ein selbstloses Elternteil das Auto holt …

Nimmermüde Wasserratte an der Ausstiegsstelle Pont de Tuarelli.

10 ▶ Große Spielplätze in der Natur

Kletterparks bei Calvi und im Asco-Tal

a) Parcours Aventure de Calvi   ab 2½ J.

KURZINFO

Anfahrt: Von der Verbindungsstraße N 197 L'Ile Rousse – Calvi, die auch ins Zentrum von Calvi führt, beim Supermarkt Casino rechts zum Strand abbiegen, bis man auf die zum Strand parallele Straße trifft. Dort links abbiegen und entlang den Bahngleisen bis zum Parkplatz fahren.
Anforderungen: Schwindelfreiheit und etwas Kondition.
Altersgruppe: Ab 2½ Jahren.
Ausrüstung: Festes Schuhwerk. Die Kletterausrüstung wird gestellt.

Öffnungszeiten: Von April bis Oktober.
Eintrittspreise: Kleiner Parcours 5 €, mittlerer Parcours 12 €, großer Parcours 18 €, für Kinder unter 14 Jahren 15 €. Für alle Parcours 20 €.
Besuchsdauer: Ca. 1 bis 3 Std.
Einkehr: Entlang des Strandes sind einige Restaurants, Strandbars und Eis-Cafés zu Fuß erreichbar. Weitere Einkehrmöglichkeiten im nahen Stadtkern.
Unterkunft: In Sachen Unterkünften hat Calvi einiges zu bieten (siehe S. 52). Eine besondere Empfehlung ist das Feriendorf »Störrischer Esel«, an der N 197 ganz in der Nähe des Kletterparks.

Dieser Kletterpark in einem Pinienwald direkt am Strand von Calvi spricht alle Altersstufen an. Das ist ungewöhnlich, denn normalerweise haben nur ältere Kinder Zugang zu den Stationen in luftiger Höhe. Hier aber dürfen schon zweieinhalbjährige Kinder ab einer Körpergröße von

80 Zentimeter wie Äffchen durch die Lüfte schwingen, die entsprechende Kletterroute ist mit ca. 12 Minuten Dauer auch nicht allzu anstrengend (kleiner Parcours, grün gekennzeichnet). Der nächste Schwierigkeitsgrad (blau markiert), richtet sich an Kinder ab fünf Jahren und 1,05 Meter Größe, die schon Kondition für eine halbe Stunde Klettern mitbringen müssen. Und schließlich sind alle Klettermaxe ab neun Jahren und 1,30 Meter Körpergröße gefragt, die sich auf den großen Parcours (rot markiert) wagen dürfen, der über eine Stunde dauern kann. Klettergurt und Sicherheitsseile mit Karabiner zum Einhängen werden vom Betreiber gestellt. Auch die Einweisung in die Handhabung des Materials und in die Sicherheitsvorkehrungen ist obligatorisch.

Im Asco-Tal: Hier geht es geradewegs ins Abenteuer Klettern.

b) Parc de Loisirs Asco Vallée Aventure   ab 4 J.

Anfahrt: Der Kletterpark liegt an der D 147 im Asco-Tal, südlich von Moltifao. Von Calvi und L'Ile Rousse kommend fährt man über die Küstenstraße N 197 Richtung Ponte Leccia. Kurz bevor man den Ort erreicht, zweigt rechts die D 147 ins Asco-Tal ab (Beschilderung »Haut-Asco«; bis Kletterpark ca. 8 km).

Hinweis: Eintrittskarten und die Sicherheitsausrüstung gibt es bei der Agentur »In Terra Corse«. Sie befindet sich 13 km vom Park entfernt am Gare SNCF in Ponte Leccia (gut ausgeschildert). Auf der Internetseite der Agentur (www.interracorsa.com) kann man sich einen umfassenden Überblick über das Angebot des Parks verschaffen, telefonische Auskunft unter Tel. +33/(0)4 95 47 69 48.

Anforderungen: Für die schwierigeren Parcours absolute Schwindelfreiheit, Kondition und Trittsicherheit.

Altersgruppe: Ab 4 Jahren.

Ausrüstung: Festes Schuhwerk und Sportkleidung.

Öffnungszeiten: Von April bis September täglich 9–17 Uhr. Außerhalb der Saison nach Vereinbarung.

Eintrittspreise: Ab 17 €.

Besuchsdauer: Halber bis ganzer Tag.

Einkehr: 10 km entfernt liegt der Ort Asco mit einer Bar und einem Restaurant. Für ein Eis bietet sich das nördlich gelegene Gebirgsdorf Moltifao an.

Unterkunft: Campingplatz »E Canicce« direkt am Flussufer (siehe S. 44).

Der moderne Kletterpark im zauberhaften Asco-Tal bietet eine große Spannbreite von Aktivitäten für Besucher jeden Alters. »Freizeitpark« ist allerdings ein irreführender Begriff. Es gibt keine Fahrgeschäfte und Animationen – im Gegenteil. Der Park ist in das natürliche Umfeld integriert, der Bewegungsfreude und dem Sportgeist sind hier in der freien Natur keine Grenzen gesetzt. Highlight ist sicherlich der Klettersteig »Via Ferrata«. Über Schluchten und Abgründen sind in schwindelerregenden Höhen mit Seilen gesicherte Rampen, Hängebrücken und Leitern zu bewältigen. Fünf verschiedene Parcours sind vorhanden. Die Route »A Zitellina« ist für junge Kletterer ab fünf Jahren geeignet. Sie ist nicht sehr schwierig, erfordert allerdings trotzdem gute Beweglichkeit und Geschicklichkeit. Eine ebenso beliebte Attraktion gerade für Kinder sind die Seilrutschen. Für Familien mit größeren Kindern ab acht Jahren bietet es sich an, die Via Ferrata mit Tyrotrekking zu kombi-

nieren. Hierbei kraxelt man über Klettersteige in die Höhe, um anschließend mit einer Seilrutsche »abzufahren«. Diese Aktion kann als halber oder ganzer Tag gebucht werden, wobei Kinder nach einem halben Tag genug herausgefordert sind. Ausrüstung und Führer kosten für einen halben Tag 35 € pro Person (Ausrüstung mit Instruktion ohne Führer 22 €).

Man muss aber nicht ganz so hoch hinaus, sondern kann auch eine bodenständigere Version des Abenteuers wählen. Auf dem Parcours »Tendance Découverte« befinden sich 25 Stationen in Höhen bis zu 10 Metern (halber Tag inklusive Ausrüstung und Einweisung 17 €).

Für die ganz Kleinen ab vier Jahren gibt es die Möglichkeit, Baumhäuser zu erklimmen und sich hier in angemessen luftigen Höhen auszutoben. Und da der Park direkt am Fluss liegt, kann man sich nach der schweißtreibenden sportlichen Aktivität in den schönen Badestellen des Asco erfrischen.

Der wilde Westen

Granit ist das Urgestein der Insel – und vorherrschend im Westen Korsikas. Die Felswände fallen steil zur Küste hin ab und schaffen so eine Menge abenteuerlicher Buchten. Der Westen gilt als der wilde Teil Korsikas und das zu Recht. Die schon fast alpinen Höhen des bis nahe an die Küste ragenden Gebirges und das davor an die schroffen und zerklüfteten Felsen peitschende Meer haben einen ganz besonderen Reiz. Kein Teil der Insel kann auf einen Schlag so viele verschiedene Ansprüche befriedigen: Während sich die einen bei Wanderungen austoben können, genießen die anderen das Strandleben. Felsige, schwer zugängliche und einsame Buchten wechseln sich ab mit herrlichen, breiten Sandstrandbuchten. Dazwischen ragen felsige Caps ins Meer hinaus, ein Blick auf die Karte zeigt, dass es unglaublich viele sind. Dem Golf von Galéria (siehe S. 35), der nördlichsten Bucht an der Westküste, schließen sich in südliche Richtung der Golf von Girolata, Porto, Sagone und Ajaccio an.

Besonders erwähnenswert ist im Norden des Golfs von Girolata die Halbinsel La Scandola, die Teil des Naturschutzgebietes »Parc Naturel Regional de la Corse« ist und in die Liste des UNESCO-Weltnaturerbes aufgenommen wurde. Die Halbinsel ist allein den Tieren und Pflanzen vorbehalten und deshalb von der Landseite aus gar nicht und vom Meer aus nur sehr eingeschränkt zugänglich.

Im Süden des Golf von Porto wartet ein Naturspektakel sondergleichen auf die Besucher – die berühmte Calanche (Wanderungen 12 und 13). Wind und Wetter haben die Granitfelsen zu den abenteuerlichsten Erscheinungen geformt. Die sogenannten Tafonifelsen bilden Fantasiefiguren, Köpfe, Türme und Höh-

HALLO KINDER,

die Calanche, wörtlich übersetzt »fjordartige Bucht«, führt über eine Länge von elf Kilometern am Meer entlang. Sie besteht aus bis zu 400 Meter hoch aufragenden Nadeln, Türmen und Burgen aus Tafonifelsen. Charakteristisch für diese Felsen sind ihre Löcher, die durch die sogenannte Verwitterung entstehen. Dabei wird durch Schwankungen der Temperatur und der Luftfeuchtigkeit der Stein langsam zersetzt. Das Ergebnis sieht aus wie Schweizer Käse und die löchrige Struktur der Tafoni erinnert an Bienenwaben. Teufel und Engel, Hunde, Löwen und Elefanten – dem Betrachter sind in seiner Fantasie keine Grenzen gesetzt, was er in den von der Natur ausgemeißelten Felsformen erkennen möchte. Wenn ihr an diesem Naturwunder vorbeifahrt, haltet die Augen offen. Wer von euch entdeckt das Herz, das von zwei Felstürmen gebildet wird?

Die fesselndste Landschaft der Westküste ist die Calanche.

len. Vor allem abends im Sonnenuntergang, wenn die Felsen blutrot angeleuchtet werden, ist die Märchenwelt perfekt.

Auch das Hinterland der Westküste hat einiges zu bieten. In der Bergwelt um den wunderschönen Ort Evisa im Hinterland von Porto wartet ein abwechslungsreiches Erlebnisprogramm auf die ganze Familie: Es gibt jede Menge zu entdecken, idyllische Campingplätze bieten einen ganz besonderen Charme und die Wanderungen kann man gar nicht alle machen, die hier möglich sind. Badeplätze in den Flüssen und Gumpen bilden einen würdigen Ersatz zum Aufenthalt an der Küste. Da die Westküste aber gespickt ist mit Bademöglichkeiten, ist der nächstgelegene Strand auch vom Hinterland aus relativ gut erreichbar. Zu all dem Naturspektakel ge-

Der Weg durch die spektakuläre Spelunca-Schlucht (Wanderung 14) ist ein Highlight für Kinder.

sellt sich eine der größten Städte der Insel, nämlich die Hauptstadt Ajaccio. Der Trubel dieser für korsische Verhältnisse großen Stadt (64.000 Einwohner) bietet einen erstaunlichen Kontrast zur rauen Natur der Westküste.

Die Strände an der Westküste

Es ist unmöglich, alle Strände, Badebuchten und Felsnischen der Westküste vorzustellen. Deshalb werden hier nur die Highlights für Kinder und Familien beschrieben. Wenn der Zugang ins Wasser flach ist, eignet sich ein Strand besonders für kleinere Kinder.

Golfe de Girolata

Im Norden begrenzt die Halbinsel La Scandola die Bucht von Girolata, im Süden das Cap Senino. Neben dem Hafen und der Genueserfestung auf der vorgelagerten Halbinsel befindet sich der Plage de Girolata. Entlang der weiträumigen Bucht verstecken sich außerdem immer wieder kleine sandige Strandbuchten, manche davon sind nur mit einer kleinen Kraxeltour erreichbar.

Anfahrt: Der Ort Girolata in der gleichnamigen Bucht ist autofrei. Es führt also keine Straße direkt an den Strand. Man kann aber per Schiff die Gegend erkunden, was von Porto, Calvi oder Ajaccio aus möglich ist.

Golfe de Porto

Das Besondere am Golf von Porto ist die atemberaubende Kulisse mit den roten Felsen der Calanche vor dem blauen Meer. Hier locken mehrere, ganz verschiedene Strände:

▶ Plage de Porto

Das ist gewissermaßen der Hausstrand des Städtchens Porto. Er liegt südlich der Marine de Porto. Der Kiesstrand ist von Eukalyptusbäumen eingerahmt und hier mündet auch der Fluss Porto ins Meer.

Anfahrt: Der Strand liegt südlich der Marine de Porto und der Erhebung, auf der der weit sichtbare pisanische Turm thront.

▶ Plage de Bussaglia

Dieser riesige Strand liegt 5 km nördlich von Porto und bildet den zweiten großen Strandabschnitt in Stadtnähe. Er ist etwa 1 km lang, der Belag reicht von feinem Sand bis zu grobem Kies.

Anfahrt: Von Porto aus über die D 81 in nördliche Richtung fahren, dann auf die D 724 links zum Meer hin abbiegen.

▶ Plage d'Arone

Die Sandbucht liegt etwa 12 km südlich von Piana am südlichen äußeren Zipfel des Golfe de Porto. Sie ist jeden Kilometer Umweg Wert, denn der Strand ist weitläufig und hat feinen Sand, das Wasser ist türkisfarben und klar, wird allerdings schnell tief. Der Plage d'Arone ist einer der wenigen Strände, die auch innerhalb der Saison nicht aus allen Nähten platzen. Das liegt vor allem daran, dass er nicht ganz einfach zu erreichen ist.

Anfahrt: Von Piana aus Richtung Süden auf der D 824 fahren und dieser bis zum Ende folgen. Eine andere Zufahrtsmöglichkeit (aus südlicher Richtung) gibt es nicht!

▶ Plage de Ficajola

Der grobsandige und abenteuerliche Strandabschnitt am Südzipfel des Golfes liegt direkt unterhalb von Piana, weshalb er auch als Hausstrand der Bewohner gilt. Er ist von steilen Felsen umgeben und bietet so entsprechende Abwechslung im Strandleben. Ein paar windschiefe Häuschen verleihen eine urtümliche Atmosphäre. Außerhalb der Saison ist es bezüglich der Besucherzahlen ganz angenehm hier.

Anfahrt: In Piana auf die D 824 fahren, die zum Plage d'Arone führt. Dann über die D 624, eine steile,

Der feine Sandstrand Plage de Peru liegt unterhalb des Ortes Cargèse.

kurvige Straße, hinunter zum Plage de Ficajola. Vom Parkplatz sind es noch etwa 10 Minuten zu Fuß.

Golfe de Sagone

Je weiter wir Richtung Süden vorrücken, umso badefreundlicher wird die Küste und es mehren sich die flachen Strände, die vor allem für kleinere Kinder reizvoll sind. Man kann wählen zwischen tiefen Felsbuchten und lang gezogenen Sandstränden.

▶ **Plage de Chiuni**

Im gleichnamigen Golfe de Chiuni liegt nördlich von Cargèse auch der Badestrand. Die Bucht bietet sich für kleinere Kinder an, allerdings grenzt der schöne Sand-Kiesstrand direkt an eine Ferienanlage, weswegen in der Hochsaison Trubel herrscht.

Anfahrt: Von der D 81 zweigt etwa 6 km ab der Ortsmitte von Cargèse in Richtung Porto eine kleine Zufahrtsstraße links zum Plage de Chiuni ab.

▶ **Plage de Peru**

Der Hausstrand des Städtchens Cargèse liegt unterhalb des idyllischen Stadtkerns. Der Plage de Peru ist ein schöner, in die Bucht geschmiegter Sandstrand mit türkisfarbenem Wasser. Wegen des sanften Einstiegs ins Wasser ist der Strand auch gut für kleinere Kinder geeignet.

Anfahrt: In der Ortsmitte von Cargèse nimmt man von Süden kommend an der großen Kreuzung die Straße, die links neben der D 81 abzweigt. Am Hotel geht es links in die Stretta Natale Luciani und diese weiter bis zum Strand.

▶ **Plage de Stagnoli**

Der lang gezogene Sandstrand liegt direkt an der Küstenstraße D 81, ist aber von der Straße aus nicht einsehbar und auch nicht weiter »berühmt«. Deshalb ist er – zumindest außerhalb der Saison – ein Tipp für beschauliches Strandvergnügen. Der öffentlich zugängliche Strand ist über eine Felstreppe erreichbar. Im Sommer bietet eine Base Nautique Wassersportmöglichkeiten an.

Anfahrt: Etwa 7 km nach dem Ortsausgang von Cargèse Richtung Sagone befindet sich an der Meerseite eine große Parkbucht.

Ein kleiner Geheimtipp zwischen Sagone und Cargèse ist der nicht so überlaufene Plage de Stagnoli.

▶ Plage de Sagone

Beeindruckend erstreckt sich der Plage de Sagone entlang der Hauptstraße des Ortes mehr als 1 km lang über die gesamte Bucht. Feinster Sand verschönert das Bade-Erlebnis. Gesäumt ist der Strandabschnitt von Hotels und Restaurants. Nach einem Tag am Meer kann man bestens in einer der zahlreichen Pizzerien einkehren.

Anfahrt: Von der D 81 aus sind mehrere Zugänge ausgeschildert.

▶ Plage du Santana

Und auch der nächste Traum-Sand-Strand ist nicht weit. Kurz nach Sagone in Richtung Tiuccia wartet der Plage du Santana auf Badegäste. Vor einem türkisblauen Meer breitet sich der Strand auf einer Länge von über 1 km aus.

Anfahrt: Vom Ortsausgang von Sagone etwa 1 km auf der D 81 in Richtung Tiuccia. Der langgezogene Strand erstreckt sich über die gesamte Länge des Ortes Esigna.

▶ Plage de Liamone

Am Ende des Golfes von Sagone wird es noch einmal richtig spektakulär. Der Plage de Liamone hat mit seinen 2 km Länge am türkisfarbenen Wasser schon karibischen Charakter. Feinsand wechselt sich mit Feinkies ab. Die umgebenden Sanddünen machen diesen Strand doppelt reizvoll. Etwa in der Mitte mündet der Fluss Liamone ins Meer.

Anfahrt: 2 km südlich von Sagone beginnt der lange Strand, der nahe der D 81 liegt.

Golfe d'Ajaccio

Im Golfe d'Ajaccio drängen sich vor allem um die Stadt Ajaccio selbst unzählige attraktive Strände, die sich an der Küste entlang bis zu den Iles Sanguinaires ziehen. Den Start bildet der Stadtstrand von Ajaccio, danach reiht sich Strand an Strand, einer schöner und paradiesischer als der andere. Da sie nicht alle einzeln aufgeführt werden können, wird nur eine reizvolle Auswahl vorgestellt. Ansonsten kann man die einzelnen Strände von der Straße Richtung Iles Sanguinaire gut sehen und spontan entscheiden, an welchem man baden möchte.

▶ Plage de Saint Francois

Beginnend bei der Zitadelle erstreckt sich der lange, feinsandige Strand entlang des Boulevard Pascal Rossini und der Altstadt von Ajaccio. Hier herrscht auch außerhalb der Saison buntes Treiben, der Autoverkehr von oben stört den Strandgenuss wenig. Wer es etwas ruhiger haben möchte, nutzt den kleinen, vom Hauptstrand etwas abgegrenzten Abschnitt direkt unterhalb der Zitadelle. Hier geht es flach ins Wasser und es ist nicht ganz so überfüllt.

Anfahrt: Innerhalb Ajaccios der Beschilderung zur Zitadelle folgen. Der Strandzugang liegt am Boulevard Pascal Rossini. Hier kann man auch mit etwas Glück einen kostenpflichtigen Parkplatz ergattern (Parkautomaten!).

▶ Plage de Grand Capo

Das ist Karibik pur! Der Sandstrand wirkt wild, unberührt und verträumt zugleich, das Wasser ist klar und der Zugang ins Meer sanft. Kein Wunder also, dass es der Lieblingsstrand der Einheimischen ist. Der Plage de Grand Capo liegt nördlich der Landspitze Pointe de la Parata am Capo di Feno.

Anfahrt: Zunächst auf der D 111 Richtung Iles Sanguinaires, dann noch vor der Landspitze bei Vignola rechts auf die D 111B. Wenn diese Straße sich gabelt, links halten und anschließend immer geradeaus bis zum Strand (ab der Abzweigung von der D 111 ca. 6 km).

▶ Plage de Porticcio

Dieser Strand ist sage und schreibe 5 km lang! Zunächst hat er noch die Ausläufer der Stadt Ajaccio im Hintergrund, es folgt der Flughafen, der ziemlich nah an den Strand heranreicht. Aber dann erreicht man, schon fast bei Porticcio, unberührte Natur! Auf felsigen Ausläufern ins Meer kann man wunderbar herumklettern.

Anfahrt: Von Ajaccio aus fährt man Richtung Südosten auf der N 193. Der Strand erscheint rechter Hand, noch vor dem Flughafen und von der Straße aus gut sichtbar.

▶ Plage d'Agosta

Smaragdgrünes Wasser und heller, feiner Sand sind die Markenzeichen dieses Strandes südlich von Porticcio. Mit einer stattlichen Länge von 2 km ist der breite Strand auch nicht gerade kurz. Einzige Einschränkung bei kleineren Kindern: Das Wasser wird schnell tief.

Anfahrt: Von Les Hameaux de Porticcio aus über die D 55 Richtung Süden fahren. Der Strand beginnt direkt am Ortsausgang.

▶ Plage du Ruppione

Südlich der Landspitze Isolella liegt der schöne, breite Sandstrand Plage du Ruppione. Auch hier wird das Wasser schnell tief, der Strand eignet sich aber trotzdem sehr gut für Familien mit Kindern.

Anfahrt: Auf der D 55 von Porticcio nach Ghiatone. Im Ort an einem Kreisverkehr rechts abbiegen, nach wenigen Metern kommt links ein Parkplatz.

▶ Plage de Verghia

Nicht weit vom Plage du Ruppione entfernt folgt der nächste helle Sandstrand. Wieder badet man in türkisfarbenem, klarem Wasser. Im Hintergrund erhebt sich, zum Teil am Hang, der Ort Le Ruppione.

Anfahrt: Über die D 55 bis Le Ruppione. Der Strand liegt nur eine Bebauungsreihe von der D 55 entfernt.

11 Liebenswertes Städtchen an der Küste

Porto verbindet die Küste mit den Bergen   ab 3 J.

Eigentlich war da, wo heute das Städtchen Porto ist, früher nur der Hafen des im Landesinneren gelegenen Bergdorfs Ota. Aber dank der abenteuerlich-bezaubernden Landschaft der nahe gelegenen Calanche und der vielfältigen Möglichkeiten der Freizeitgestaltung zog der Tourismus in die Region – aus dem Hafen wurde der Ort Porto mit einer ansehnlichen Infrastruktur. Und nicht zu vergessen: Der Golf von Porto wurde mit seinem Zentrum Porto von der UNESCO zum Weltnaturerbe erklärt!

KURZINFO

Anfahrt: Porto liegt an der Küstenstraße D 81 am Golf von Porto zwischen Calvi im Norden (75 km) und Ajaccio im Süden (81 km).

Altersgruppe: Ab 3 Jahren.

Besuchsdauer: 1 Tag.

Informationen: Office de Tourisme, Place de la Marine, 20150 Ota, Tel. +33/(0)4 95 26 10 55, E-Mail: office@porto-tourisme.com, www.porto-tourisme.com. Öffnungszeiten: im Juli und Aug. täglich 9–19 Uhr, in der Nebensaison Montag bis Freitag jeweils 9–12 und 14–18 Uhr.

Ausrüstung: Bequeme Schuhe, Sonnenschutz und Badesachen.

Einkehr: Zahlreiche Restaurants, Pizzerien und Bars in der Altstadt und direkt am Meer.

Unterkunft: Direkt am Fluss liegt der Drei-Sterne-Campingplatz »Les Oliviers« mit Pool und Sporteinrichtungen (20150 Porto, Tel. +33/(0)4 95 26 14 49, www.camping-oliviers-porto.com). Am Ortseingang von Porto findet man außerdem den Platz »Camping Le Porto«, sehr idyllisch und schattig zwischen Obstbäumen gelegen und mit schönem Blick in die Berge (Tel. +33/(0)6 85 41 50 74, www.camping-le-porto.com). In direkter Nähe gibt es Supermärkte, Restaurants und einen Fahrradverleih. Im oberen Teil von Porto bietet der terrassiert angelegte Campingplatz »Sole e Vista« einen schönen Blick, aber weniger Freizeitmöglichkeiten als »Les Oliviers« (Tel. +33/(0)6 08 41 98 69, www.camping-sole-e-vista.com). Nur 500 m vom Meer entfernt ist der einfache und sehr große »Camping Municipal« (Tel. +33 /(0)4 95 26 17 76). Wer ein festes Dach über dem Kopf bevorzugt, dem sei die Gîte d'étape »Chez Felix« empfohlen. Die Wanderherberge liegt knapp 5 km von Porto entfernt in Ota, hat Doppel- und Mehrbettzimmer und ein Restaurant (20150 Ota, Tel. +33/(0)4 95 70 68 49, http://gite-chez-felix.com).

An der Marina spannt sich diese Brücke über den Fluss Porto.

Im unteren Teil von Porto befindet sich direkt neben der Mündung des Flusses Porto ins Meer der Kiesstrand des Ortes.

Porto ist die einzige größere Siedlung an der gleichnamigen Bucht und besteht aus zwei Teilen. Im oberen findet man vor allem Pizzerien und Hotels, im unteren den alten Hafen, über dem der pisanische Wachturm thront. Hier mündet auch der von einer Eukalyptusallee flankierte Fluss Porto ins Meer. Der kleine, zum offenen Meer hin gelegene Dorfplatz bietet vor allem in den Abendstunden ein atemberaubendes Spektakel: Blutrot versinkt die Sonne hinter dem Turm im Meer. Am Dorfplatz liegt auch einer der beliebtesten Anlaufpunkte für Familien, das **»Aquarium de la Proudrière«**. Der Fokus des Aquariums liegt auf Fischarten, die im Mittelmeer vor der Insel Korsika und vor allem im Naturschutzgebiet La Scandola vorkommen. Daneben sind Muränen, Kraken und Riesenschnecken zu bewundern. Die Ausstellung ist nicht sehr groß, aber ansprechend gestaltet und lohnt einen Besuch.

Der restaurierte **Tour de Porto**, der als Wahrzeichen das Ortsbild von Porto dominiert, ist auf zwei Ebenen begehbar und somit eine Besonderheit unter den korsischen Wachtür-

M U S E E N

Aquarium de la Proudrière: Geöffnet von Anfang April bis Anfang Okt. täglich 8–19 Uhr.
Eintritt: Erwachsene 5,50 €, Kinder von sieben bis zwölf Jahren 3 €. Kombinierter Eintritt für Aquarium und Genuesenturm: Erwachsene 6,50 €, Kinder 3 €.

Tour de Porto und Musée de la Bruyère: Geöffnet von April bis Ende Sept. täglich 11–19 Uhr, im Juli und Aug. 9–21 Uhr.
Eintritt: Erwachsene 2,50 €, Kinder bis zwölf Jahre frei.

Den Wachturm, Wahrzeichen von Porto, kann man besichtigen.

men. Neben der wunderschönen Aussicht aufs Meer auf der einen und in die Bergwelt auf der anderen Seite gibt es die Dauerausstellung »Befestigungen an der korsischen Küste« anzuschauen, in der man Interessantes über die Wachtürme auf Korsika erfährt. Im Besichtigungspreis für den Turm enthalten ist auch der Eintritt in das **»Musée de la Bruyère«** (»bruyère« heißt übersetzt Heidekraut). Die Baumheide (erica arborea) wird in der Region als Werkstoff für das Kunsthandwerk genutzt. Aus den Wurzeln dieser Heideart werden beispielsweise Tabakspfeifen hergestellt.

Doch Porto hat nicht nur Ausstellungen zu bieten. Im Hafen reiht sich an den Ufern des Flüsschens Porto ein Wassersport-Anbieter an den anderen. Ganz groß geschrieben wird hier das **Tauchen** – angefangen beim Schnupperkurs bis hin zum Profi-Tauchgang. Ein zwei- bis dreistündiges Schnuppertauchen (ab

acht Jahren) für Kinder inklusive Bootsfahrt und Ausrüstung kostet einheitlich etwa 40 €. Ein empfehlenswerter Anbieter, bei dem die Kinder eine deutschsprachige Einführung erhalten, ist »Generation Bleue« (www.plonge-plus-bleu.fr.). Sein besonderer Service: Man kann sich vorab kurze Filme von Tauchgängen desselben Tages anschauen und dann entscheiden, ob es am anzusteuernden Riff genug Spannendes zu sehen gibt.

Doch man muss nicht als Taucher in die Tiefen des Golfs von Porto sinken, man kann sich auch per Ausflugsboot auf den Weg machen. Eine besondere Attraktion sind die Glasboote, die meist das Naturschutzgebiet La Scandola ansteuern und durch deren gläsernen Schiffsboden man die Unterwasserwelt betrachten kann. Und natürlich kann man auch Motorboote, Kajaks oder Kanus mieten und auf eigene Faust die Küste erkunden.

Überquert man die Brücke über den Fluss, gelangt man an den dunklen Kiesstrand von Porto (im hinteren Bereich ist Sand aufgeschüttet). Der 500 Meter breite Strand liegt sehr idyllisch, im Süden von einer Felswand, im Osten von Eukalyptusbäumen eingerahmt (siehe S. 68). Er fällt allerdings recht steil ins Wasser ab und ist aufgrund der starken Strömung bei hoher Brandung nicht für Kleinkinder zu empfehlen.

Überaus attraktiv präsentiert sich die Umgebung von Porto. Die Fels- formationen der Calanche (Wanderungen 12 und 13) und das Naturschutzgebiet von La Scandola sind außergewöhnlich schöne Ziele. Auch die Bergdörfer Ota und Evisa mit der Spelunca-Schlucht dazwischen (Wanderung 14) bieten sich für abwechslungsreiche Ausflüge an.

Sportliche Familien können das bergige Hinterland ganz aktiv kennenlernen und sich in Porto Fahrräder ausleihen. Der Fahrradverleih befindet sich an der D 81 zwischen den beiden großen Supermärkten.

NATURSCHWIMMBAD AITONE

Ein Badeplätzchen der besonderen Art befindet sich im Forêt d'Aitone, einem der schönsten Schwarzkiefernwälder Korsikas, am Fernwanderweg »Mare e Mare«. Das Forsthaus oberhalb von Evisa an der Straße Richtung Col de Vergio ist ein guter Ausgangspunkt für eine Wanderung zu den Wasserfällen und den Naturbecken (insgesamt zwei Stunden Gehzeit ohne Badepause). Zu erreichen ist das Bade-Ziel auf einem Forstweg, der über eine Brücke über den Aitone-Bach führt. Nach der Brücke geht es weiter am Fluss entlang und schließlich über Steinstufen hinab zum »Piscine Naturelle«. Es handelt sich dabei um mehrere, recht kühle und im Sommer gut besuchte Badebecken im Fluss. Direkt unterhalb stürzt sich ein munterer Wasserfall in die Tiefe.

12 Das große Felsenlabyrinth

Kraxelnd durch die Felsnadeln der Calanche   ab 6 J.

Wäre das tiefblaue Meer nicht im Hintergrund, würde man sich wie im Wilden Westen der USA fühlen. Rote Felsnadeln und -türme so weit das Auge reicht – und das Auge reicht sehr weit hier oben mitten drin in der Märchenlandschaft der Calanche. Ein abwechslungsreicher Weg erwartet uns heute. Es darf gekraxelt werden, aber auch die Abgeschiedenheit und Stille auf einem alten Maultierweg wird die Wanderer faszinieren. Ständig ist die Fantasie gefordert, wenn einige Felsformationen aussehen wie ein Löwe, ein Adlerkopf oder ein Indianerhaupt.

KURZINFO

Ausgangspunkt: Parkbucht nahe dem Kiosk »Les Roches Bleues« an der D 81.

Anfahrt: Von Porto aus auf der D 81 in Richtung Piana. Der Ausgangspunkt befindet sich etwa 5 km westlich von Porto an einer kleinen Parkbucht (links) kurz nach dem Kiosk (zu erkennen an den braunen Wander-Wegweisern und der Marienstatue).

Anforderungen: Mehrere lange und steile Aufstiege, dazwischen immer wieder gemäßigte Abschnitte. Ausgesetzte und ungesicherte Passagen auf dem »Ancien Chemin«. Trittsicherheit ist Voraussetzung. Die Route ist rot-blau markiert.

Altersgruppe: Ab 6 Jahren.

Gehzeit: 2 Std.

Weglänge: 3,1 km.

Höhenunterschied: 250 m im An- und 270 m im Abstieg.

Ausrüstung: Bergschuhe, Sonnenschutz.

Einkehr: Am Ende der Tour kommt man an der D 81 direkt am Kiosk »Les Roches Bleues« heraus. Hier gibt es Eis, Getränke und Snacks. Restaurants und Pizzerien in Porto und Piana.

Unterkunft: Campingplätze in Porto (siehe S. 72).

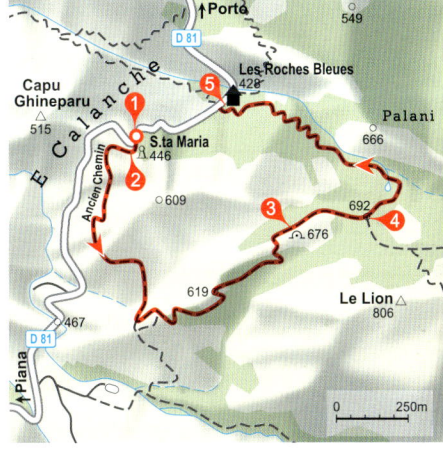

Oben: Der alte Maultierpfad am Beginn der Tour ist eine eigene Attraktion.
Links: Fanatasie ist gefragt: Kann der Felsen im Hintergrund eine Hand sein?

Von der **Marienstatue** (1) geht es direkt hinein ins Abenteuer. Der erste kurze Aufstieg ist felsig und steil und führt in engen Serpentinen und teilweise über Felsstufen bergauf. Aber kaum ist die erste Anhöhe erreicht, bietet sich ein grandioser Blick über den Golf von Porto und das Felsengewirr der Calanche. Nach dem anstrengenden Aufstieg laden die roten Granitfelsen auf dem Hochplateau zum Herumkraxeln ein. Dann geht es noch einmal ein paar Felsstufen nach oben, und bald begeben wir uns auf den **»Ancien Chemin«** (2), den früher von Maultieren benutzten Pfad zwischen Ota und Piana. Recht abenteuerlich ist der gepflasterte Weg an den Felsen gebaut. Ohne Sicherung geht es rechts ziemlich steil den Hang hinunter und tief unten kann man in der Größe von Spielzeugautos den Verkehr auf der D 81 beob-

achten. Wir umrunden einen Felsen auf dem Maultierpfad und erreichen eine **Wegkreuzung** mit Hinweisschildern.

Wir folgen links haltend dem Schild Richtung »Les Roches Bleues« und gelangen kurz nach der Kreuzung in

Steinmännchen in allen Größen weisen den Weg.

einen Kiefernwald. Der Weg durch den schattigen Wald ist ein Genuss, vor allem an heißen Tagen. Zunächst geht es nur zaghaft bergauf, doch schließlich wird der Weg wieder steiler und felsiger. Motivierend ist jedoch der Ausblick auf riesige **Fels-**

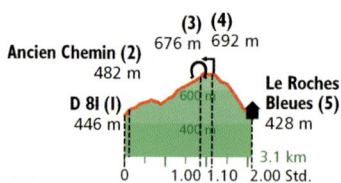

formationen auf dem vor uns liegenden Bergrücken, die nur darauf zu warten scheinen, dass jemand zum Klettern an ihnen vorbeikommt. Immer mehr begegnen uns nun Wegmarkierungen in Form von Steinmännchen, aber auch rote und blaue Markierungen zeigen, dass wir noch auf der richtigen Fährte sind.

Schließlich ist für die jungen Wanderer mit dem **Bergrücken** (3) der Höhepunkt der Tour erreicht. Man möchte fast glauben, hier hätte die

HALLO KINDER,

habt ihr Lust auf eine kleine, gruselige Geschichte? Der Satan soll einmal hierher in die Calanche gekommen sein. Er wollte eine Schäferin verführen, stieß aber auf den Widerstand der Angebeteten. Darüber ärgerte sich der Satan so, dass er aus Wut die Felsen der Calanche schuf – eine unheimliche Siedlung mit allerlei rätselhaften Gebilden, die durch einen bösen Zauber unbewohnbar sein sollte. Aber da kam St. Martin vorbei und segnete die Felsen, er vertrieb den Fluch von ihnen und schuf den Golf von Porto. Wenn ihr die Augen gut offen haltet, entdeckt ihr vielleicht heute noch die Schäferin mit ihrem Hund und ihrem Mann oder den heiligen St. Martin? Die rötliche Färbung der Felsburgen in der Abenddämmerung erinnert angeblich immer noch an den bösen Zauber des Satans …

Natur einen Felsenspielplatz errichtet. Jetzt müssen wir einfach auf Entdeckungstour gehen. Während die Kinder die mit Höhlen gespickten Felsen erforschen und die unzähligen Kraxelmöglichkeiten nutzen, genießen die Erwachsenen die tollen Ausblicke und die Faszination, die von den Felsgebilden ausgeht. Hier sieht man übrigens deutlich, warum diese Felsen Tafoni-Felsen genannt werden: Tafoni ist korsisch und heißt übersetzt »löchriger Stein«. Beim Darüberstreichen wirken manche Felsbrocken sogar richtig porös.

Bald darauf tauchen wir erneut in den Wald ein. Ein herrlicher Kiefernduft weht uns hier um die Nase! Wir folgen weiter den Schildern Richtung »Les Roches Bleues«, bis wir schließlich mitten im Wald auf eine **Verzweigung** (4) stoßen. Leider gibt es an dieser Stelle keine Wegmarkierung. Links liegen zwei große Felsblöcke, an denen wir links vorbei müssen. Nun geht es durch dichtes Grün und jede Menge Farn bis zum Abstieg hinunter zur Straße. Dieser

ist extrem steil, doch nach etwa 15 Minuten sind wir unten an der D 81, wo wir uns am **Kiosk »Les Roches Bleues«** (5) stärken können. Um den Weg an der stark befahrenen Straße entlang zurück zum Parkplatz zu vermeiden, sollte ein Elternteil das Auto hierherholen.

Kleine Kraxel-Einlage an den Felsen.

13 ▶ Hunde und Burgen aus Stein

Geheimnisvolle Calanche   ab 3 J.

Das ist die ideale Einstiegsstrecke für alle angehenden, ganz jungen Berg-
ziegen: Der viel begangene Weg führt von der Felsformation »Tête du
Chien«, einem überdimensional großen Hunde-
kopf, zum »Château Fort«, einem imaginären
Felsschloss. Trotz ihrer Kürze ist die Wanderung
alles andere als eintönig. Am felsigen Pfad sind
kleine Steilpassagen mit Felsstufen und Felsblö-
cken zu bezwingen. Rechts und links säumt eine
herrliche Felsgalerie den Weg, sodass auch älte-
re Kinder nicht unterfordert sind und bei Bedarf
mal eben zum Kraxeln ausscheren können.

KURZINFO

Ausgangspunkt: Parkplatz »Tête du
Chien« an der D 81.
Anfahrt: Von Porto aus auf der D 81 in
Richtung Piana. Der große Parkplatz liegt
in einer Kurve bei der Felsformation
»Tête du Chien« (etwa 500 m vor dem
Kiosk »Les Roches Bleues«).
Anforderungen: Einfacher Weg, die
Kinder sollten wegen des felsigen Gelän-
des allerdings sicher laufen können. Die

Route ist blau-weiß markiert.
Altersgruppe: Ab 3 Jahren.
Gehzeit: 1 Std.
Weglänge: 1,7 km.
Höhenunterschied: 130 m im An-
und Abstieg.
Ausrüstung: Feste Schuhe.
Einkehr: Kiosk »Les Roches Bleues« ein
Stückchen weiter Richtung Piana an der
D 81 gelegen. Restaurants und Pizzerien
in Porto und Piana.
Unterkunft: Campingplätze in Porto
(siehe S. 72).

Startpunkt unserer Wanderung ist
der **»Tête du Chien«** (1). Rechts davon beginnt der blau-weiß markier-
te Weg, der laut Wandertafel zum
»Chateau Fort« führt. Gleich darauf
passieren wir auf einer Lichtung einen abenteuerlichen **Felsblock mit
»Höhle«** (2) – wer traut sich hinein?
Nach der Lichtung zweigt der noch
sehr breite Weg links ab und führt
uns weiter ein Stück durch einen
Kiefernwald. Sobald wir die hohen
Bäumen hinter uns gelassen haben,
wird der Weg schmaler und weniger
schattig – dafür umso spannender

Wer traut sich, die dunkle Felsen-
höhle zu erkunden?

![Voilà – das »Château fort«! Ein beeindruckender Felsblock mit einer Art Festung darauf.]

Voilà – das »Château fort«! Ein beeindruckender Felsblock mit einer Art Festung darauf.

für die Kinder. Unterwegs können wir immer wieder unser Ziel erspähen, das eindrucksvolle Felsplateau mit dem Golf von Porto im Hintergrund. Nach vielen Windungen und Steigungen taucht plötzlich das tiefblaue Meer unter uns auf. Der Anblick ist so überwältigend, dass es sicher nicht nur den Erwachsenen den Atem verschlägt. In Schwindel erregender Höhe stehen wir auf einem festungsartigen Gesteinsblock 330 Meter über dem Meer (3), neben uns schieben sich die bizarren Felsen der Calanche ins Blickfeld. Auf einem Felssporn vor uns ragt majestätisch das geheimnisvolle **»Château Fort«** über dem Meer empor. Besonders schön ist der An-

blick der fantastischen Felsgebilde im Abendlicht, denn dann kommt das rote Glühen der Felsen so richtig eindrucksvoll zur Geltung.

Nachdem wir das Felsgewirr etwas näher unter die Lupe genommen haben und alle Ecken des Plateaus erkundet haben, geht es auf demselben Weg wieder zurück zum **Parkplatz**.

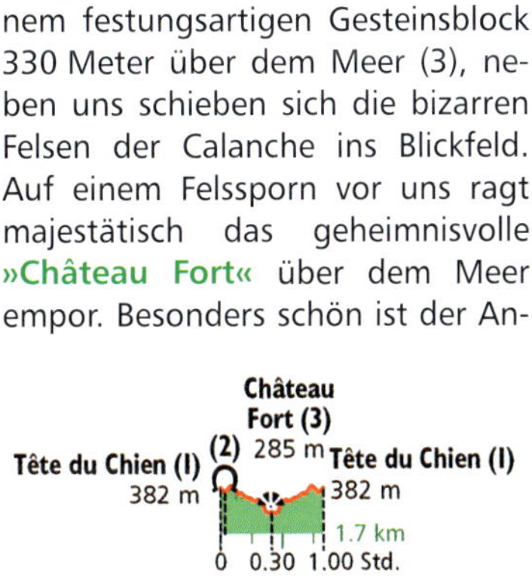

Château
Fort (3)
(2) 285 m
Tête du Chien (I)   Tête du Chien (I)
382 m   382 m
                                     1.7 km
0   0.30 1.00 Std.

14 ▶ Abenteuer in der Spelunca-Schlucht

Durch das wilde Flusstal von Evisa nach Ota   ab 6 J.

Weil die Spelunca-Schlucht mit Sicherheit kein Geheimtipp ist, muss man gerade im Sommer mit einigen Mitwanderern rechnen. Andererseits ist sie einer der absoluten Höhepunkte auf Korsika und die Durchwanderung sollte man sich keinesfalls entgehen lassen. Schon die Anfahrt zum Ausgangspunkt in Evisa ist ein Erlebnis. Von Porto her kommend windet sich die D 84 als schmale Fahrstraße durch die Berge oberhalb der Schlucht entlang und bietet immer wieder beeindruckende Blicke in die Tiefe, am Straßenrand tummeln sich oft ganze Hausschwein-Kolonien. Der Name »Spelunca« kommt übrigens aus dem Lateinischen und heißt »Höhle«. Früher war der Weg durch die Schlucht die einzige Verbindungsstrecke zwischen Evisa und Ota, und schwer bepackte Maultiere mussten sich hier hindurch quälen.

KURZINFO

Ausgangspunkt: Friedhof von Evisa.
Anfahrt: Von Porto aus über die D 84 ins Inselinnere bis Evisa. Dort beim Friedhof am Ortseingang parken.

Anforderungen: Langer und steiler Abstieg in die Schlucht, ansonsten leichte Talwanderung. Am Ende der Tour Anstieg nach Ota. Die Route ist orange markiert und verläuft auf einem Teilstück des Fernwanderwegs »Mare et Monti«.
Altersgruppe: Ab 6 Jahren.
Gehzeit: 3 Std.
Weglänge: 6,2 km.
Höhenunterschied: 600 m im Ab- und 120 m im Aufstieg.
Ausrüstung: Bergschuhe, Badesachen.
Einkehr: Unterwegs keine. Pizzerien in Evisa und Ota. In Ota gibt es außerdem das Restaurant »Chez Félix«, das zwar etwas teuer ist, aber eine gute, traditionelle Küche bietet.
Unterkunft: Das »Chez Félix« ist auch eine Gîte d'étape, bei der man Zimmer und Studios für bis zu vier Personen mieten kann (20150 Ota, Tel. +33/(0)4 95 70 68 49, http://gite-chez-felix.com).
5 Min. oberhalb von Evisa liegt der **Campingplatz** »L'Acciola«, ein einfacher, sauberer Platz in sehr schöner Lage und mit einer Pizzeria, in der es gute Holzofenpizza gibt (20126 Evisa, Tel. +33/(0)4 95 26 23 01, www.acciola.com).
Hinweis: Von Ota aus kann man sich mit einem Ruftaxi nach Evisa zurückbringen lassen.

Auf dem Weg durch die teils enge Spelunca-Schlucht.

Erstes Etappenziel ist die romantische Pont de Zaglia.

Startpunkt ist die Kapelle am **Friedhof** (1) von Evisa, bei der uns ein großes Schild mit der Aufschrift »Spelunca Mare e Monti« geradewegs ins Abenteuer weist (hier gibt es auch eine Karte).

Zunächst geht es in kleinen Serpentinen, später treppenartig auf felsigem Weg etwa 550 Höhenmeter bergab. Das ist auch der Grund dafür, die Wanderung mit Kindern in dieser Richtung anzugehen, statt von Ota aus – so bleibt uns ein anstrengender Aufstieg am Ende erspart. Unterwegs stehen am Wegesrand immer wieder Tafeln mit interessanten Infos, die zwar nur auf Französisch sind, aber durch Illustrationen auch Kinder ansprechen.

Zuletzt wird der Pfad richtig steil, doch nach etwa einer Stunde und 20 Minuten bergab ist der Talboden und die schönste Stelle der ganzen Schlucht erreicht: die **Pont de Zaglia** (2). Die wildromantische genue-

HALLO KINDER,

als sich Genua im 15. Jahrhundert Korsika aneignete, wurden sowohl die genuesischen Wachtürme als auch die schicken Brücken gebaut. Über diese Brücken wurden vor allem Waren und Lebensmittel transportiert.
Die Pont de Zaglia ist ein typisches Beispiel mit beeindruckendem Brückenbogen. Sie wurde aber erst 1712 geplant und 1797 von dem Maurer-Meister Antonio Bensa gebaut. Mit dieser Brücke sollte den Schafhirten der Auftrieb zu ihren Weiden erleichtert werden und die Bewohner von Evisa sollten über die Brücke fliehen können, wenn Gefahr drohte.

Sobald man nach der Schlucht wieder Flusshöhe erreicht, gibt es schöne Zugänge ins Wasser.

sische Bogenbrücke überspannt den Fluss, an dem ein paar wunderschöne Badestellen auf uns warten. Hier treffen die beiden Bäche Aitone und Tavulella aufeinander. Man hat die Wahl, sich in einer der Gumpen direkt an der Brücke zu erfrischen oder dem Flusslauf des einen der beiden Flüsse Richtung Nordosten zu folgen und an ruhigeren und versteckteren Stellen zu plantschen. Und wer nicht baden will, wird sich sicher daran erfreuen, auf die riesigen, weiß polierten Steine zu klettern oder Staudämme zu bauen.

Nach einer ausgiebigen Rast überqueren wir die Brücke und begeben uns in die eigentliche Schlucht. Während rechts und links schroffe Felswände unseren Weg säumen, begleitet uns rechts unten immer der Fluss. Dabei sind wir auf einem felsigen, gewundenen und schmalen Pfad unterwegs, der durch den beidseitigen Macchia-Bewuchs ein bisschen wie ein Urwaldpfad erscheint. Gelegentlich taucht am Wegesrand ein zerfallenes Steinhäuschen auf, das natürlich auch erforscht werden muss. Der Weg folgt einem stetigen Auf und Ab, weiterhin informieren uns Tafeln am Weg über die Tiere und die Vegetation der Umgebung.

Schließlich erreichen wir 45 Minuten nach der Pont de Zaglia wieder das Niveau des Flusses und eine schöne Badestelle. Der Zugang ins Wasser ist flach und einfach. Mitten im Fluss thronen herrliche Felsblöcke, von denen aus man bereits einen Blick auf die nächste **Brücke** (3) hat. Diese Brücke ist mit dem Auto erreichbar und deshalb auch ein möglicher, alternativer Zugang in die Schlucht.

Evisa (1)
795 m

Pont de Zaglia (2)
279 m

D 124 (3)
233 m

Ponte Vecchiu (4)
235 m

Ota (5)
325 m

200 m

6.2 km

0   1.20   2.05   3.00 Std.

Jetzt folgt der Endspurt. Nach einem kurzen Stück auf der Fahrstraße geht es kurz nach der Straßenbrücke rechts der orangefarbenen Markierung nach am Sportplatz entlang bis zur **Ponte Vecchiu** (4), die wieder idyllisch in der Landschaft liegt. Letzter Aufruf zum Baden! Der Fluss wird auf der alten Genuesenbrücke überquert, am Ende der Brücke beäugt ein Steinmännchen aus seiner Behausung heraus die Wanderer. Der Weg führt nun noch ein Stück rechts am Fluss entlang. Die Ziegenköttel auf dem Weg zeugen davon, wer hier außer Wanderern sonst noch unterwegs ist. Schließlich entfernt sich der Weg vom Fluss und es folgt die letzte steile Passage bergauf, nach der der Ort **Ota** erreicht ist, die Endstation unserer Schlucht-Durchquerung. Die Gîte d'étape »**Chez Félix**« (5) nimmt uns wieder in die Zivilisation auf. Die Alternative zum Rückmarsch nach Evisa ist ein Taxi oder die Rückholaktion durch ein aufopferungsvolles Familienmitglied.

Das Dorf Ota ist Endstation der Wanderung.

15 ▶ Entdeckungstour bei Cargèse

Zum Wachturm an der Punta d'Omigna   ab 6 J.

Da die runden, geheimnisvollen Genuesentürme schon längst die Abenteuerlust der jungen Urlauber geweckt haben, wollen wir uns heute auf den Weg machen und eines dieser mächtigen Bauwerke genauer unter die Lupe nehmen. Das Ziel ist der Tour d'Omigna nördlich von Cargèse, denn zu diesem führt ein abwechslungsreicher und abenteuerlicher Weg, der nicht so überlaufen ist wie die Wege zu »berühmteren« Genuesentürmen. Der auf der Halbinsel Omigna gelegene Turm ist gut erhalten und für Mutige zu erobern, unterwegs schließen wir Bekanntschaft mit mehreren Kuhherden und kommen an zerfallenen Häusern vorbei, die erkundet werden wollen.

K U R Z I N F O

Ausgangspunkt: Parkplatz am Plage de Peru nördlich von Cargèse.

Anfahrt: In Cargèse gabelt sich an einer großen Kreuzung die Straße mehrfach. Von Süden kommend biegt man hier auf die Straße ein, die links neben der D 81 abzweigt. Am Hotel »Résidence Hélios« geht es links in die Stretta Natale Luciani und weiter Richtung Strand. Schild »Umigna Tour Genoise« am Ausgangspunkt der Tour.

Anforderungen: Zwar einfache, aber dafür recht lange Wanderung mit wenigen, mäßigen Steigungen. Die Route ist nicht markiert. Größtenteils kein Schatten! Man sollte die Tour deshalb nicht in der Mittagszeit oder an heißen Tagen unternehmen.

Altersgruppe: Ab 6 Jahren.
Gehzeit: 3 Std.
Weglänge: 7,1 km.
Höhenunterschied: 140 m im An- und Abstieg.
Ausrüstung: Turnschuhe oder Trekking-Sandalen.
Einkehr: Auf dem Wanderweg selbst keine. In der Innenstadt von Cargèse gibt es viele Cafés und Restaurants, ebenso einige Pizzerien und Restaurants mit Terrassen am nahen Hafen von Cargèse.
Unterkunft: »Camping Torraccia«, etwa 2 km nach dem Ortsausgang von Cargèse Richtung Porto (Norden), an der D 81 gelegen (20130 Cargèse, Tel. +33/(0)4 95 26 42 39, www.camping-torraccia.com). Mit Pizzeria und Lebensmittelladen.

Der Startpunkt der Wanderung liegt an einem Gatter oberhalb des schönen Sandstrandes **Plage de Peru** (1), an dem wir vor oder nach unserer Wanderung ins Meer hüpfen können. Wir marschieren ein ganzes Stück die breite, geschotterte Straße entlang, links vorne auf dem Cap immer den Turm als Ziel vor Augen, bis wir an ein weiteres Gatter gelangen. Kurz vorher geht es links auf einem schmalen Weg mitten in die Macchia hinein. Der enge Pfad windet sich durch die Heidelandschaft und führt leicht bergauf. Den Turm verlieren wir nun zunächst einmal

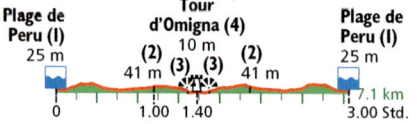

Ganz schön beeindruckend, so ein Wachturm aus der Nähe!

![Ständige Begleiter unterwegs sind die Mitglieder einer großen Kuhherde.](Cow image)

Ständige Begleiter unterwegs sind die Mitglieder einer großen Kuhherde.

aus den Augen. Taucht rechts oder links an diesem geheimnisvollen Pfad unvermittelt eine Kuh aus dem Gestrüpp auf, kann man schon mal ganz schön erschrecken. Wir kommen an ein weiteres kleines Tor, an dem die Kühe eine Art Sammelstelle zu unterhalten scheinen. Die neugierigen Tiere betrachten die Wanderer mindestens genauso interessiert wie umgekehrt. Mit etwas Glück sieht man auch ein paar niedliche Kälbchen, die von den Müttern aufmerksam bewacht werden. Ab dieser Stelle wird der Weg etwas breiter und offener. Die Kühe sind ständige Wegbegleiter und für das eine oder andere gespenstische Rascheln im Gebüsch verantwortlich. Schließlich werden zwei verfallene **Steinhäuschen** (2) erreicht. Das eine könnte ein ehemaliges Wohnhaus gewesen sein, das kleinere Gebäude beherbergte wohl den Ofen – Hänsel und Gretel lassen grüßen!

Nun sind wir auch schon im Endspurt zum Tour Génoise, der plötzlich wie aus Geisterhand wieder vor uns erscheint. Zunächst sollten wir den herrlichen **Ausblick** (3) auf die Halbinsel und das Meer genießen. Danach folgt ein kurzer, sehr steiler Aufstieg über die schmale Landzunge, die die Punta d'Omigna mit dem »Festland« verbindet. Und dann haben wir das Bauwerk erreicht, das vor uns thront und auf einmal viel überwältigender aussieht, als noch von Weitem: den **Tour d'Omigna** (4). Seitlich lehnt seit der Restaurierung des Turms

eine Leiter, die auch schon mal ein paar mehr Sprossen hatte und deshalb nicht ganz einfach zu erklimmen ist – nichts für kleinere Kinder, für größere, trittsichere Kinder aber eine richtige Herausforderung!

Dieser Platz ist einfach zu schön, um gleich wieder den Rückweg anzutreten. Wie wäre es mit einem gewagten Abstieg zum Meer? Mit etwas Geschick kann man links vom Turm über die Felsen ganz hinab zum Meer kraxeln oder in den schroffen Felsen rechts vom Turm einen Weg durch das Labyrinth der Felsspitzen erklettern.

Beim Rückweg müssen wir nicht die ganze Strecke genauso wieder zurückgehen. Sobald wir den steilen Weg vom Turm abgestiegen sind und das »Festland« erreicht haben, sehen wir einen Pfad, der nach links abzweigt und uns ein Stück auf der nördlichen Seite des Caps entlangführt. Der Pfad stößt bei den verfallenen Häuschen wieder auf den vom Hinweg bekannten Weg, der uns zurück zum **Plage de Peru** bringt.

Über einen solchen Zugang haben wohl früher die Wachleute den Turm erklommen!

HALLO KINDER,

im Turminneren findet ihr eine Feuerstelle – wie alt mag sie wohl sein? Wann haben hier das letzte Mal Menschen Feuer gemacht, die damit ein Signal an benachbarte Wachtürme geben wollten? Denn das ist der Sinn des dichten Netzes von Türmen an der Küste: Sie sind so angeordnet, dass zwischen ihnen immer Sichtverbindung besteht. Dadurch war es möglich, dass sich die Wachmänner bei Gefahr über Signalfeuer verständigen konnten. Ihr könnt von den Zinnen des Turms (natürlich auch vom Boden der Halbinsel aus) in alle Richtungen weitere Türme erkennen. Die meisten stehen auf Caps, die nicht so weit ins Meer hinausragen wie unseres, deshalb hat man von hier eine besonders gute Sicht auf die Nachbartürme. Im Norden seht ihr den Tour d'Orchinu und in weiter Ferne sogar den berühmten Tour de Turghiu am Capu Rosso. In südlicher Richtung habt ihr bei guter Sicht gleich drei Türme im Visier – den südlichsten Turm erkennt ihr auf den der Küste vorgelagerten Iles Sanguinaires.

Bade-Rallye

Fahrt ab Vico durch wilde Landschaft   ab 3 J.

Dies ist ein Ausflug, bei dem man eine Autofahrt durch unberührte und wilde Landschaft mit Zwischenstopps an ein paar schönen, nicht überlaufenen Badestellen verbinden kann. Los geht die romantische Tour im Bergdorf Vico, das von der Westküste aus ein Stückchen landeinwärts nordöstlich von Sagone liegt und wie ein Relikt aus vergangenen Tagen erscheint.

KURZINFO

Ausgangspunkt: Das Bergdorf Vico.
Anfahrt: Von Sagone über die D 70 zum Col St-Antoine und weiter auf der D 23 nach Vico.
Anforderungen: Keinerlei Anforderungen, die Badestellen liegen jeweils nahe der Straße. Eventuell nicht für Kinder geeignet, denen es im Auto schnell übel wird (extrem kurvenreiche Strecke, v.a. am Anfang).
Fahrtdauer: Ca. 31 km von Vico bis zum Abzweig der D 125 an der Cruzini-Brücke, ungefähr 1 Std. reine Fahrzeit.
Altersgruppe: Ab 3 Jahren.
Ausrüstung: Badeschuhe und Badesa-

chen, Sonnenschutz.
Einkehr: Im historischen Ortszentrum von Vico am Brunnenplatz gibt es kleine, landestypische Gaststätten. Oberhalb der Badestelle an der Pont de Belfiori befindet sich eine kleine Pizzeria mit sehr leckerer Pizza.
Unterkunft: Der Campingplatz »La Sposata« befindet sich 1 km von Vico entfernt (Richtung Evisa) und ist idyllisch in eine sehr grüne Umgebung eingebettet (20219 Vico, Tel. +33/(0)4 95 26 61 55, www.lasposata.com). Er liegt günstig zwischen Bergen und Meer und bietet in der Umgebung Möglichkeiten zum Tennisspielen und Reiten, Wandern und Baden. Auf dem Platz werden Brot und Backwaren sowie Getränke und Eis angeboten.

Wir verlassen das Dorf **Vico** mit dem Auto auf der D 23 Richtung Murzo. Schon nach zwei Kilometern erreichen wir an der Brücke **Pont de Silvani** die erste Badegumpe. An einer Holzhütte können wir parken und gelangen über die Brücke zum Zugang zum Fluss. Hier stoßen wir zwar zunächst auf ein Tor, das aber

nicht abgeschlossen ist. Man kann hindurchgehen und sich die schönste Stelle am Nebenfluss des Liamone aussuchen. Am Fluss entlang führt auch ein Wanderweg, den man ein beliebiges Stück begehen kann. Wer eine ruhigere Badestelle nicht direkt bei der Brücke bevorzugt, wird hier sicher fündig werden.
Eine etwas größere und bekanntere Badestelle erreichen wir an der D 23 nur einen Kilometer nach der Pont de Silvani an der **Pont de Belfiori**. Die Genueser-Brücke spannt sich über den verhältnismäßig breiten Fluss Liamone. Wenn dieser viel

Die Bade-Einlagen in den Gumpen unterwegs sind eine willkommene Abwechslung zum Autofahren.

WANDERTIPP

Wir können noch eine dritte Beschäftigung in die Rundfahrt einbauen, nämlich Wandern. Von Vico bis Azzana tauchen am Straßenrand immer wieder Wander-Hinweisschilder auf. Sie haben die Form eines Pfeils, sind sehr auffällig und präsentieren zum Teil sogar den Hinweis »Ausflugswege« auf Deutsch. Ein solches Wegzeichen weist beispielsweise kurz vor Salice (das Ortsschild ist bereits in Sicht) zum Wasserfall Cascade de l'Ancone. Steil geht es links den Hang hinauf, rechts der Straße kann man in einer Parkbucht das Auto abstellen.

Wasser führt, bietet sich beidseits der Brücke das reinste Badevergnügen. Man kann auch hier dem Flusslauf aufwärts folgen und an weitere, ruhige Badestellen gelangen.

Nun folgt eine ganze Weile lang kein Wassergang, dafür aber eine abenteuerliche Fahrt auf einer Strecke mit Ziegen, Schweinen und Kühen neben und gelegentlich auch auf der Straße. Dazu fahren wir von der Pont de Belfiori mit dem Auto zunächst weiter auf der D 23 nach Murzo. Dort biegen wir rechts ab auf die kurvenreiche D4 Richtung Rosazio und gelangen nach acht Kilometern in das Dorf Muna. Fünf Kilometer weiter erreichen wir Rosazia, weitere sechs Kilometer später kommen wir in Salice an. Nun folgt ein sehr kurvenreiches Stück nach Azzana. wobei wir immer auf der D 4 bleiben. Etwa drei Kilometer nach Durchfahren dieser Siedlung kommt die letzte Badestelle der Tour mit der Brücke Pont d'Azzana über den Fluss Cruzini.

Um aus dem Ausflug eine Rundtour zu machen, kann man nun gleich nach der Brücke rechts über die D 125 Richtung Westküste zurückfahren. Etwa eineinhalb Kilometer nach dem Ort Arro geht die D 125 in die D 1über. Man kann dann sowohl rechts zurück zum Col St. Antoine bei Vico fahren, als auch in südwestliche Richtung und im weiteren Verlauf über die D 25 an die Westküste. Es ist aber auch möglich, auf der D 4 (nach der Cruzzini-Brücke links) über Vero zur N 193 im Gravona-Tal zu gelangen (weitere 22 Kilometer).

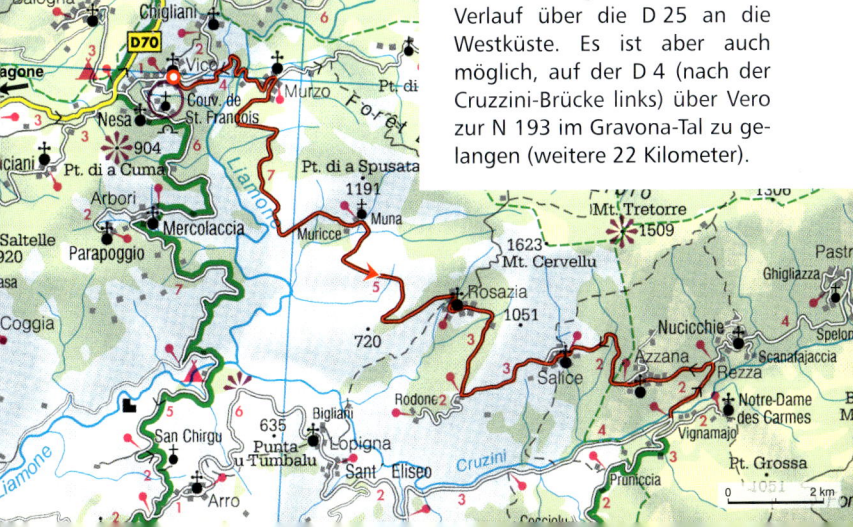

17 ▶ Hoch zu Ross über Stock und Stein

Der Reiterhof »Le Ranch« in Sagone   ab 8 J.

Das Gefühl, als Cowboy im Wilden Westen unterwegs zu sein, ist bei einem Ausritt der Ferme Équestre »Le Ranch« inklusive. Nicht nur, weil es mitten durch den Fluss geht und die Reiter auch schon mal bis zum Unterschenkel ins Wasser eintauchen, sondern auch wegen der felsigen Passagen bergauf und bergab und des wilden Galopps querfeldein. Korsika so auf dem Rücken der Pferde zu entdecken, ist ein ganz besonderes Erlebnis für die ganze Familie und sicher unvergesslich.

KURZINFO

Anfahrt: Der Reiterhof liegt etwa 2 km nach dem Ortsausgang von Sagone nach Norden Richtung Vico auf der linken Straßenseite der D 70.

Altersgruppe: Ab 8 Jahren.

Öffnungszeiten: Ganzjährig geöffnet. Von Oktober bis Mai steht die Arbeit mit den Pferden im Vordergrund (vor allem Reitunterricht), von April bis September liegt der Fokus auf den Ausritten. Der Termin für einen Ausritt sollte unter Tel. +33/(0)4 95 28 01 57 oder vor Ort im Voraus vereinbart werden.

Preise: Ein einstündiger Ausritt kostet 18 €, 2 Std. 30 €, ein Tagesausritt 60 € (jeweils pro Person, auch Kinder).

Ausrüstung: Reithelme können beim Reiterhof entliehen werden. Ansonsten muss jeder Reiter eine lange Hose und Sport- oder Wanderschuhe tragen.

Einkehr: Im nahen Ort Sagone gibt es zahlreiche Restaurants und Cafés, manche sehr schön am Strand gelegen.

Unterkunft: 600 m vom Strand entfernt befindet sich in Sagone der 3-Sterne-Campingplatz »Sagone« (20118 Sagone, Tel. +33/(0)4 95 28 04 15, www.camping-sagone.com). Hier kann man auch Wohnwagen, Studios und Mobilehomes mieten, und der Platz bietet einen Pool, einen Laden und ein Restaurant an. Ganz wichtig: Im Juli und August hat der Campingplatz einen Kinderclub und Sport- und Animationsprogramm.

Ob man noch nie auf einem Pferd gesessen hat oder im Sattel groß geworden ist, spielt am Reiterhof »Le Ranch« keine Rolle. Weder bei der

Terminvereinbarung noch bei Ankunft auf dem Hof wird danach gefragt, sondern erst in dem Moment, wenn der Reiter aufsteigt. Von den Pferden her scheint das Können der Reiter auch kein Problem zu sein; sie wirken alle gutmütig und willig. Notfalls gibt es auch zwei Begleiter, die während des Ausritts Anweisungen geben (allerdings ausschließlich auf Französisch!).

Etwas Mut braucht es aber schon für den Ritt durch felsige, macchia-

Auf dem Pferderücken wird das dschungelartige Hinterland von Sagone erforscht.

HALLO KINDER,

falls ihr noch nie auf einem Pferd gesessen seid, gibt es ein paar reittechnische Grundlagen, die ein erstes Mal, vor allem in solch unwegsamem Gelände, einfacher machen. Um einem Pferd zu vermitteln, was man da oben drauf gerade möchte, wendet man »Hilfen« an. Diese finden besonders über das Gewicht des Reiters und seine Unterschenkel statt. Wenn wir langsamer werden oder stehenbleiben wollen, setzen wir uns im Sattel schwer auf unsere vier Buchstaben. Soll das Pferd vom Schritt in den Trab wechseln, drücken wir mit beiden Unterschenkeln sacht gegen den Körper des Pferdes. Nur bei Pferden, die auf diese Hilfen gar nicht reagieren, muss man die Zügel einsetzen: Nachgeben beim Beschleunigen und Annehmen beim Verringern des Tempos oder Anhalten. Wichtig ist, dass man gerade aufgerichtet auf dem Pferd sitzt und nicht wie ein Sack Mehl im Sattel hängt. Über Gewichtsverlagerung nach rechts oder links zeigt man dem Pferd nicht nur den Weg, sondern entlastet es an schwierigen Stellen auch. Gerade in dem holprigen Gelände um Sagone muss man den Pferderücken immer wieder entlasten, indem man sich in den Steigbügeln aufstellt und nach vorne neigt, wenn es steil und steinig bergauf geht. Umgekehrt neigt man sich weit nach hinten, wenn das Pferd bergab klettert. Das sind die wesentlichen Punkte, die man beachten sollte, die aber schon nach kurzer Zeit ganz selbstverständlich werden. Zudem sind die Pferde bei »Le Ranch« sehr sanftmütig und kennen ihren Weg genau, sodass der Reiter nicht allzu viel »Arbeit« hat.

bewachsene Hänge und den steinigen Fluss Le Sagone, wo sich die Pferde Huf für Huf ihren Weg suchen. Dabei sollte man auf die natürlichen Instinkte der Tiere vertrauen, die den Weg sehr gut kennen, und als Reiter einfach die Landschaft und die Natur sowie das schöne Gefühl des Ausritts genießen.

Gleich zu Beginn des Weges Richtung Golf von Sagone geht es durch ein richtiges Urwaldgebiet. Lianen hängen von den Bäumen, Dornengestrüpp säumt den Weg. Der Geruch in diesem Teil des Waldes ist herrlich und lässt Groß und Klein entspannen. Gleich im Anschluss geht es im Galopp übers offene Feld – aber nur für diejenigen, die sich das zutrauen. Gezwungen wird niemand und es wird auch niemand von der Truppe allein gelassen.

Nach einem kurzen Stück Straße führt Ross und Reiter der Weg wieder in unwegsames Gelände, es geht wieder bergauf und erste berauschende Blicke auf den Golf von Sagone eröffnen sich. Schade ist nur, dass bei den ein- und zweistündigen Ausritten keine Zeit für einen Abstecher zum Strand bleibt. Beim Tagesausritt werden die früheren Maultierwege rund um Sagone erkundet. Empfohlen ist die zweistündige Tour, die abwechslungsreicher und intensiver ist als die einstündige. Intensiv wird zwar auch der folgende Muskelkater sein, aber der wird sich dann wenigstens gelohnt haben!

18 ▶ Auf Napoleons Spuren

Ajaccio – die Hauptstadt Korsikas

ab 4 J.

Diesmal haben wir es mit der Hauptstadt der Insel Korsika zu tun – Ajaccio wartet mit seinen Abenteuern auf uns! Mit knapp 65.000 Einwohnern ist Ajaccio im Vergleich zu den meisten anderen Städtchen auf der Insel eine richtige Großstadt. Entsprechend umfangreich ist auch das Angebot an Kultur und Freizeitaktivitäten. Ein Aufenthalt in Ajaccio kann gar nicht langweilig sein. Allein die südländische Stimmung durch den bunten Trubel, die Palmen an den Straßenrändern und die langen weißen Stadtstrände sind ein Genuss für die ganze Familie.

Löwenbrunnen mit dem Standbild von Napoleon Bonaparte.

HALLO KINDER,

der General und spätere Kaiser Napoleon Bonaparte wurde am 15. August 1769 in Ajaccio als Napoleone Buonaparte geboren. Berühmt wurde er während der Französischen Revolution, als er innerhalb der Armee schnell Karriere machte. Mit einem Staatsstreich übernahm Napoleon als Alleinherrscher die Macht in Frankreich und beendete damit die Revolution. 1804 wurde er Kaiser der Franzosen. Er starb 1821 in der Verbannung auf der britischen Insel St. Helena im Südatlantik.
Napoleons Vater war der Sekretär von Pascal Paoli, dem korsischen Widerstandskämpfer, der uns auf Korsika an allen Ecken und Enden zu begegnen scheint. Napoleons Vater Carlo Buonaparte unterstützte den Unabhängigkeitskampf. Paoli musste allerdings nach einer verlorenen Schlacht ins Exil und Napoleons Vater arrangierte sich auf der Insel mit den neuen französische Herrschern. Napoleon selbst sah im Beginn der Französischen Revolution im Sommer 1789 zunächst die Chance für die Befreiung seiner Heimatinsel. Doch mehrere Versuche in diese Richtung scheiterten und schließlich musste die ganze Familie Bonaparte von der Insel fliehen.
Dass Ajaccio Hauptstadt wurde, ist Napoleons Werk. Als Kaiser ernannte er seine Geburtsstadt zur Hauptstadt der Insel.

Anfahrt: Ajaccio liegt im südlichen Bereich der Westküste an der D 111 und der ins Inselinnere führenden N 193. Die nächste große Stadt im Norden ist das 81 km entfernte Calvi, im Süden folgt Propriano in 60 km Entfernung.

Altersgruppe: Ab 4 Jahren.

Besuchsdauer: 1 bis 2 Tage.

Informationen: Office de Tourisme d'Ajaccio, 3 Bd Roi Jérôme, 20181 Ajaccio, Tel. +33/(0)4 95 51 53 03, E-Mail: ajaccio.tourisme@wanadoo.fr, www.ajaccio-tourisme.com. Öffnungszeiten: Juli und Aug. Montag bis Samstag 8–20 Uhr, Sonntag 9–13 und 16–19 Uhr. Apr. bis Juni und Sept./Okt. Montag bis Samstag 8–19 Uhr, Sonntag 9–13 Uhr.

Ausrüstung: Bequeme Schuhe, Sonnenschutz und Badesachen.

Einkehr: Zwischen Hafen und Zitadelle drängen sich entlang des »Quai Napoléon« Restaurants und Pizzerien, teils mit schönem Hafenblick. In der Altstadt zwischen Marktplatz, Place de Gaulle und Zitadelle reihen sich ebenfalls Gaststätten in den engen Gässchen aneinander.

Unterkunft: 100 m vom Meer entfernt liegt an der Zufahrtsstraße D 111 von Ajaccio zu den Iles Sanguinaires der **Camping »Barbicaja«** (20000 Ajaccio, Tel. +33/(0)4 95 52 01 17, www.paradisu.de/camping/korsika-camping-san-barbicaja.html). Der Platz ist schattig und bietet einen herrlichen Blick auf den Golf von Ajaccio. Für die Kinder gibt es Spielprogramme. Nur 10 Min. vom Zentrum der Hauptstadt entfernt befindet sich 3 km nordwestlich vom Hafen der **Campingplatz »Les Mimosas«** (20000 Ajaccio, Tel. +33/(0)4 95 20 99 85, www.camping-lesmimosas.com. Hier kann man zelten oder kleine Chalets bzw. Mobilehomes anmieten. Umfassende Ausstattung mit kleinem Laden und Frühstücksangebot. Ebenfalls an der Zufahrtsstraße zu den Iles Sanguinaires bietet Nadine Giraudeau ganzjährig **Bed & Breakfast** an (20000 Ajaccio, Chemin des Agaves 2, Tel. +33/(0)6 10 63 29 69, www.barbicaja-alta.com/pages/chambreshotes.html; zwei Doppelzimmer, bei Bedarf auch Essen). Schließlich darf auch in Ajaccio eine **Gîte** nicht fehlen. Diese befindet sich recht zentral in der Cours Napoléon 77 (20181 Ajaccio, Tel. +33/(0)4 95 10 54 31, www.gites-corsica.com). Wer dem Trubel der Stadt entgehen möchte, findet im südlich gelegenen Porticcio Alternativen (siehe S. 100).

Direkt unterhalb der Zitadelle beginnt der feinsandige Plage de Saint Francois.

Schnell ist herausgefunden, dass Ajaccio von Napoleon Bonaparte dominiert wird. Der berühmte Kaiser, der Anfang des 19. Jahrhunderts die Franzosen regierte, wurde im Jahr 1769 in Ajaccio geboren. Kein Wunder also, dass Straßen und Gebäude nach ihm benannt sind und ihn fast alle Statuen und Standbilder der Stadt zeigen. Wer auf Napoleons Spuren wandeln möchte, startet am besten im Rathausgebäude am Place Maréchal Foch, in dem der **Salon Neapoléonien** untergebracht ist. Neben Ölgemälden der Familie Bonaparte sind auch Napoleons Taufschein und – ein wenig gruselig– seine Totenmaske zu bestaunen.

Einen ausführlicheren Einblick in das Leben Bonapartes erhält man im **Maison Bonaparte** in der Rue St. Charles. Hier lebte Napoleons Familie schon ab 1682, also lange vor seiner Geburt. Neben Dokumenten und Porträts wird in dem Museum das Mobiliar der Familie ausgestellt. Kaum zu glauben, dass in einem solch kleinen Bett einmal ein so berühmter Mensch geschlafen hat!

Die Gräber der Eltern und anderer Familienmitglieder Napoleons kann man in der von Napoleons Neffen erbauten kaiserlichen Kapelle, der **Chapelle Impériale** innerhalb des Palais Fesch, besichtigen.

Nach diesem recht umfassenden Einblick in das Leben des berühmten Franzosen ist das Museum »A Bandera« eine interessante Anlaufstelle. Hier geht es um die Entwicklung der Insel Korsika von der frühen Besiedlung bis heute. In Schaukästen ansprechend präsentiert findet man Modelle, Münzen, Wappen, alte Waffen und Kostüme an lebensgroßen Figuren bekannter Persönlichkeiten wie Pascal Paoli und – doch noch einmal! – Napoleon. Auch die Geschichte des korsischen Widerstandskampfes wird für ältere Kinder spannend aufbereitet.

Damit dürfte genug Museumsluft geschnuppert sein. Was hat Ajaccio also sonst noch zu bieten? Täglich von dienstags bis sonntags von 8 bis 12 Uhr gibt es auf dem **Square César Campinchi** einen Bauernmarkt mit korsischen Produkten. Das bunte Treiben und die leckeren Auslagen sind auch für Kinder ein Erlebnis. Am Samstag ist das Angebot größer, dann kommen noch Kleidung und Spielwaren dazu. Gleich neben dem Marktplatz befindet sich ein großer Spielplatz, der allerdings ziemlich in der Sonne liegt. Einen Rundgang kann man auch durch die Fischhalle neben dem Rathaus unternehmen und das frisch gefangene Meeresgetier aller Art bestaunen.

M U S E E N

Salon Neapoléonien: Täglich geöffnet außer samstags, sonntags und feiertags vom 15. Juni bis 15. Sept. 9–11.45 und 14–17.45 Uhr, vom 16. Sept. bis 14. Juni 9–11.45 und 14–16.45 Uhr. Eintritt: Erwachsene und Kinder 2.30 €.

Maison Bonaparte: Geöffnet von Anfang April bis Ende Sept. täglich außer Montag von 9–12 und 14–18 Uhr, von Anfang Okt. bis Ende März von 10–12 und 14–16.45 Uhr.
Eintritt: Kinder frei, Erwachsene 6 €.

Musée »A Bandera«: Geöffnet von Anfang Juli bis Mitte Sept. Montag bis Samstag und an Feiertagen 9–19 Uhr, sonntags 9–12 Uhr, von Mitte Sept. bis Ende Juni Montag bis Samstag und feiertags 9–12 und 14–18 Uhr, sonntags geschlossen.
Eintritt: für Erwachsene 4 €, für Kinder unter 10 Jahren frei.

Am Place Maréchal Foch startet der **Petit Train**, der in keiner der größeren Städte auf Korsika fehlen darf. Eine Fahrt mit der lustigen Bahn durch die Altstadt dauert 45 Minuten und kostet 7 € für Erwachsene und 3 € für Kinder (Infos unter Tel. +33/(0)4 95 51 13 69). Auch eine eineinhalbstündige Fahrt zu den nahen **Iles Sanguinaires** ist möglich, deren Besuch, ob mit oder ohne Zugfahrt, ein Muss bei einem Aufenthalt in Ajaccio ist (Tour 19).

Einen Besuch wert ist auch der große **Hafen**, bestehend aus dem Fährhafen, dem privaten Yachthafen, dem Fischerhafen und dem Abfahrtshafen für die Ausflugsschiffe. Der interessanteste Teil des Hafens liegt zwischen der Zitadelle und dem Marktplatz. Die An- und Abfahrten vor allem der großen Fähren zu betrachten, ist alleine schon reizvoll. Es gibt aber auch die Möglichkeit, sich selbst ein Boot zu mieten oder mit einem Ausflugsschiff nach Bonifacio, in die Calanche oder zum Naturschutzgebiet La Scandola zu schippern (Infos im Hafen oder in der Tourist Information). Daneben findet man im Hafen auch zahlreiche Tauch-Anbieter. Am besten fischt man sich einen heraus, der die Unterwasserwelt der Iles Sanguinaires im Angebot hat. Prinzipiell können Kinder ab acht Jahren einen ersten Tauchgang wagen (Infos bei der Tourist Information).

Eine weitere Möglichkeit, den Aufenthalt in der Stadt sportlich zu gestalten und die Gegend per Pferd zu erkunden, bietet das **»Centre Equestre Ajaccio Equitation«** mit Reitschule, Ponyclub und Ausritten – Kinder ab zwei Jahren sind hier an der richtigen Adresse (Infos unter www.ajaccioequitation.com).

Ein Tipp für die ganze Familie ist das junge **Theater A.g.h.j.a** in der 6 Chemin Biancarello (Tel. +33/(0)4 95 20 41 15) mit Sprech-, Tanz- und Marionettentheater sowie Zirkusvorführungen. Französisch-Kenntnisse sind hierfür allerdings von Vorteil.

19 ▶ Die blutroten Inseln

Zum Tour de la Parata vor den Iles Sanguinaires **ab 3 J.**

Ein bisschen schwindelfrei sollte man schon sein, wenn man sich auf den Weg zur Umrundung des Tour de la Parata macht. Der enge Pfad schlängelt sich auf der Felsklippe entlang, viele Meter darunter tost die Brandung des Meeres gegen die Klippen.

KURZINFO

Ausgangspunkt: Großer Parkplatz an der Landspitze Pointe de la Parata.
Anfahrt: Von Ajaccio aus in westliche Richtung entlang der Stadtstrände über die Route Sanguinaires (D 111) etwa 12 km weit bis zur Landspitze. Die Fahrstraße endet hier.
Vom Marktplatz im Zentrum von Ajaccio aus verkehren regelmäßig »Petits Trains« (Schmalspurbahn), die unter anderem auch die Pointe de la Parata anfahren (siehe S. 97).
Anforderungen: Einfache Wanderung mit kurzem Aufstieg zum Turm. Trittsicherheit ist von Vorteil. Der Weg ist blau markiert.
Altersgruppe: Ab 3 Jahren.
Gehzeit: 40 Min.
Weglänge: Knapp 1 km.

Höhenunterschied: 60 m im An- und Abstieg.
Ausrüstung: Trekkingsandalen, eventuell Fernglas.
Einkehr: Bar Restaurant »I Sanguinari« am Parkplatz. Hier gibt es auch kleinere Imbisse und Eis.
Unterkunft: Direkt an der Zufahrtsstraße D 111 zu den Iles Sanguiaires und am Meer liegt der **Campingplatz** »Barbicaja« (siehe S. 95). Alternativ gibt es 3 km vom Hafen von Ajaccio entfernt ebenfalls am Meer gelegen den **Campingplatz** »Les Mimosas«, auf dem man auch kleine Chalets und Mobilehomes anmieten kann (siehe S. 95).

Tour de
la Parata (2)
La Parata (I) 55 m La Parata (I)
3 m 3 m
0.8 km
0   0.40 Std.

Vom Parkplatz »La Parata« (1) aus steuern wir den Turm zunächst auf der östlichen Seite der von Wasser umspülten Halbinsel an. Auf der Wandertafel in Form eines Hinkelsteins gleich nach dem Parkplatz finden wir insgesamt drei Wandervorschläge. Für ganz kleine Kinder gibt es außer dem Rundweg, der hier beschrieben wird, zwei kürzere Varianten, den Turm zu erobern oder von unten zu betrachten. Wir folgen jedoch dem blau markierten Rundweg und passieren über einen schmalen Pfad das Verbindungsstück, das vom Festland auf die Landzunge mit dem Turm führt. Rechter Hand sehen wir die in Felsen gehauenen Stufen, die zum Turm führen. Der Aufstieg ist etwas mühsam, aber oben auf der **Felsplattform** bietet sich ein schöner Blick auf die vier vorgelagerten Iles San-

Nicht breiter als ein Pfad ist die Landzunge zwischen dem Festland und der Halbinsel mit dem Genuesenturm.

guinaires in etwa eineinhalb Kilometer Entfernung. Die westlichste der vier Inseln ist die Grande Sanguinaire, auch »Mezzu Mare« genannt. Auf ihr erkennen wir bei guter Sicht und mit einem Fernglas die Ruinen einer alten Quarantänestation und einen Leuchtturm. Der **Tour de la Parata** (2), der an seinem höchsten Punkt etwa 60 Meter über dem Meeresspiegel thront, kann über felsiges Gelände umrundet, aber nicht bestiegen werden.

Nach dem eindrucksvollen Ausblick von oben führt uns der Rundweg einmal um die Landzunge herum, wobei sich unterschiedliche Perspektiven sowohl auf die Inselgruppe als auch auf den westlichen Golf von Ajaccio bieten. Wir überqueren wieder die schmale Landbrücke und gelangen so zum **Parkplatz** zurück.

HALLO KINDER,

»Iles Sanguinaires« heißt übersetzt »Blutinseln«. Das kommt nicht etwa daher, dass früher Vampire auf der Insel gelebt haben, sondern dass das Granitgestein der Inseln bei Sonnenuntergang blutrot leuchtet. Deshalb ist ein Besuch der Landspitze am Abend besonders reizvoll. Wenn ihr die 1.200 Meter lange und 300 Meter breite Hauptinsel Grande Sanguinaire mit ihrer geheimnisvollen Ruine und dem alten Leuchtturm richtig besuchen wollt, müsst ihr nicht dorthin schwimmen. Im Sommer starten im Hafen von Ajaccio am Quai Napoléon Schiffe, die direkt zur Insel fahren. Dort hat man dann eine Stunde Aufenthalt. Die Fahrt dauert insgesamt zwei Stunden.

20 ▶ Das Wasserrutschen-Paradies

Spaßbad »Aqua Cyrne Gliss« in Porticcio ab 2 J.

Natürlich ist das Meer mit seinen abwechslungsreichen Stränden Attraktion genug und es fehlt nichts zum perfekten Badevergnügen – jedenfalls nicht viel. Einen kleinen Kick zusätzlich kann man sich dennoch gönnen. Das Spaßbad Aqua Cyrne Gliss in Porticcio verbindet den Wasserspaß mit einem wahren Rutschen-Eldorado.

KURZINFO

Anfahrt: Von Ajaccio kommend über die D 55 Richtung Süden bis Porticcio. Zum »Aqua Cyrne Gliss« geht es (ausgeschildert) gleich am Ortseingang links. Das Bad liegt ca. 500 m vom Strand entfernt.

Altersgruppe: Ab 2 Jahren.

Öffnungszeiten: Mai, Juni und Sept. täglich 11–18 Uhr, Juli und Aug. täglich 10.30–19 Uhr (www.acquagliss.fr).

Eintrittspreise: Erwachsene 18 €, Kleinkinder (2 bis 5 Jahre) 9 €, Kinder (5 bis 9 Jahre) 14 €. Begleiter oder Besucher (mit Zutritt und Schwimmbad ohne Wasserbahnen) 9 €. Für diejenigen, die das Bad öfter nutzen wollen, gibt es Spezialtarife. Zum Beispiel kostet ein 7-Tage-Pass innerhalb der Hauptsaison für Erwachsene 85 €, für Kinder 65 €.

Besuchsdauer: 1 Tag.

Einkehr: Innerhalb des Badeparks gibt es eine Bar, einen Getränkestand und eine Imbissbar. Außerdem Eis-Angebot.

Unterkunft: Sehr schön in grüner Umgebung liegt auf der Südseite des Golfs von Ajaccio der **Campingplatz »U Prunelli«** (20166 Porticcio, Tel. +33/(0)4 95 25 19 23, www-camping-prunelli.com). Von Porticcio aus über die D 55 Richtung Ajaccio fahren. Der Campingplatz befindet sich kurz vor dem Kreisverkehr, an dem es rechts nach Pisciatella und links nach Ajaccio geht. Neben den obligatorischen Zeltplätzen gibt es auch Bungalows. Der Platz verfügt über einen Laden, eine Pizzeria und ein Schwimmbad. Die Strände von Porticcio sind 2 km entfernt.

Gibt es ein tolleres Element als das Wasser?

So schön das Mittelmeer ist – Wasserrutschen sind doch auch ein Abenteuer!

Innerhalb des drei Hektar großen Parks befinden sich acht Turmrutschbahnen mit einer spektakulären Gesamtlänge von 600 Metern! Noch eindrucksvoller als die Länge sind jedoch die Rutschen an sich, denn harmlos ist nur die Rutsche ins Kleinkindbecken. Neben steilen und langen Rutschen gibt es Wellen- und Tunnelrutschen, und so manchem wird schon vom Hinschauen ganz mulmig. Wer traut sich etwa die halsbrecherisch steile Rutsche auch noch mit aufgeblasenem Gummireifen in doppelter Rutschgeschwindigkeit hinunter? Hier ist wahrer Heldenmut gefragt!

Natürlich muss man sich nicht in rasanter Fahrt die Rutschen hinabstürzen, um hier Spaß zu haben. Man kann im Wasserkarussell kreiseln, im Whirlpool entspannen oder unter einem Wasserpilz duschen. Es gibt auch für kleinere Kinder geeignete Becken und Schwimmerbecken für die Erwachsenen. Für zusätzliche Unterhaltung sorgt ein Animationsprogramm mit Spielen, bei denen man Preise gewinnen kann. Und wer immer noch nicht genug hat, hat die Möglichkeit, sich auf dem Volleyballfeld, an den Tischtennisplatten und auf den Trampolinen auszutoben.

SPORTTIPP

Porticcio bietet noch viel mehr Wassersspaß als »nur« den Badepark »Aqua Cyrne Gliss«. Im Golf von Ajaccio gibt es eine sehr vielfältige Unterwasserfauna, weshalb Tauchen und Schnorcheln ganz besondere Erlebnisse sind. Aber auch Wasserski, Bootfahren und Surfen stehen mit auf der Aktivitätenliste – zusammen mit den schönen Stränden der Bucht. Daneben können sportliche große und kleine Urlauber in der Umgebung von Porticcio golfen, reiten, Tennis spielen und natürlich wandern. Für weitere Infos alle Aktivitäten betreffend hat Porticcio seine eigene touristische Vertretung vor Ort (Plage des Marines, 20166 Porticcio, Tel. +33/(0)4 95 25 10 09 / 01 01).

Der paradiesische Süden

Der Süden der Insel beginnt mit den unteren Ausläufern der Westküste am Golf von Valinco, zieht sich dann um die Südspitze herum, umfasst im Inland das Bergland der Alta Rocca und das berühmte Bavellagebirge (mit vielen Wanderungen und schönen Badegumpen) und endet schließlich im Bereich des Badeortes Solenzara an der Ostküste.

Die südliche Küste bietet als Badeurlaubsziel genauso gute Voraussetzungen wie als Urlaubsgebiet mit jeder Menge Abwechslung. Wo die Berge im Meer versinken, werden zauberhafte Buchten geschaffen, die sich mit unglaublich schönen Stränden abwechseln. Hier geht die raue Wildheit der Westküste sanft über in eine liebliche Landschaft aus Grün, Felsen und Meer. Ergänzt wird der Augenschmaus von den weißen, bis zu 70 Meter hohen Kreidefelsen von Bonifacio am südlichsten Zipfel Korsikas und den kleinen, vorgelagerten Inselchen, die vor sehr langer Zeit einmal eine natürliche Brücke bis nach Sardinien gebildet haben. Der unter Naturschutz stehende Inselarchipel von Lavezzi bietet eine faszinierende Unterwasserwelt, die man beim Tauchen oder Schnorcheln erforschen kann. Aber auch über der Wasseroberfläche bezaubern die Inseln mit ihren unvergleichlichen Granitriffen, den nahezu unberührten Buchten und traumhaften Stränden, unter denen sich einige der schönsten des gesamten Mittelmeers befinden.

Einen Kontrast zu so viel Naturschönheit bilden die beiden Küstenstädtchen Bonifacio und Porto-Vecchio. Beide thronen jeweils auf geheimnisvolle Art und Weise majestätisch und hoch über dem Meer.

20 Kilometer nördlich von Propriano im Taravo-Tal birgt die prähistorische Fundstätte von Filitosa spannende Geschichte mit Spuren aus der Jungsteinzeit, der Megalithkultur, der torreanischen Kultur und

Highlight im Süden der Ostküste ist der Plage de Palombaggia.

Das Hochplateau Crête des Terrasses im Bavella-Massiv (Wanderung 28).

aus der Zeit der Römer. Einzigartig sind vor allem die hier entdeckten Menhirstatuen. Geschichtliches erlebt man auch im Hinterland von Porto-Vecchio an den Fundstätten von Torre mit einem torreanischen Kultmonument oder den beeindruckenden und gut erhaltenen Torreanerfestungen Castellu d'Araghju (Wanderung 25) und Castellu di Cucuruzzu (Wanderung 23).

Doch eins ist ganz klar: Der Süden Korsikas ist in all seiner Vielfalt vor allem ein Badeparadies. Die Aufzählung der einzelnen Strände an der Südspitze Korsikas ist eine Aneinanderreihung von Vokabeln wie herrlich, berühmt, spektakulär und traumhaft. Die weißen, feinen Sandstände in Kombination mit dem türkisfarben glitzernden Wasser können die Urlauber absolut in Südsee-Fantasien versetzen. Als die Traumsträn-

de der Insel schlechthin gelten die beiden südlich von Porto-Vecchio gelegenen Strände Santa Giulia und Palombaggia. Das sind aber nur die Highlights der Highlights, und es ist nicht möglich, eine auch nur annähernd vollständige Auflistung aller schönen Strände an der Südspitze zu präsentieren. Deshalb sollen im Folgenden innerhalb der einzelnen Gebiete die Rosinen herausgepickt und die außergewöhnlichsten Strände vorgestellt werden.

Der Strand von Pinarellu, nördlich von Porto-Vecchio.

Die Strände im Süden

Das Strandleben beginnt im Süden der Westküste rund um Propriano im Golfe de Valinco mit allein sechs riesigen Stränden. Zwei Strände versorgen den südlichsten Zipfel der Westküste unterhalb von Sartène. Wir umrunden Bonifacio und gelangen zur südlichen Ostküste, an der ein Strand den anderen aus dem Rennen schlagen zu wollen scheint. Hier sind auch die Traumstrände Plage de Palombaggia und Plage de Santa Giulia angesiedelt. Im Golfe de Porto-Vecchio wird noch einmal alles geboten, bevor die südliche Küste schließlich in den endlos langen Ostküstenstrand übergeht.

Golfe de Valinco

Die nachfolgenden sechs Strände verteilen sich angefangen beim nördlichen Teil über die Bucht von Proprinao bis zum südlichen Bereich des Golfes von Valinco.

▶ Plage de Cupabia

Der Plage de Cupabia mit sehr hellem und sehr feinem Sand in der Bucht und tiefblauem Wasser davor bildet den Auftakt im nördlichen Golf von Valinco. Die Umgebung um den schmalen, relativ ruhigen Strand ist abgesehen von einem kleinen Strandcafé recht naturbelassen, denn sie besteht hauptsächlich aus Dünen. Besonders für kleinere Kinder ist der Strand gut geeignet, weil es seicht ins Wasser geht. In der Hochsaison kann der kleine Parkplatz allerdings schnell überfüllt sein.

Anfahrt: Von Propriano auf der N 196 Richtung Norden und auf der links abzweigenden D 157 weiter Richtung Porto Pollo, dann auf die D 155 Richtung Serra-di-Ferro wech-

seln. Nach dem Ort links auf die D 155a und der Beschilderung »Plage de Cupabia« folgen.

▶ Plage de Porto Pollo

Dass der goldene Sandstrand direkt vor einem Wohngebiet liegt und deshalb auch eher schmal ist, stört überhaupt nicht. Nahe dem Hafen und kleinen Restaurants gelegen bietet der kleine Strand Badevergnügen in korsischer Atmosphäre.

Anfahrt: Von Propriano geht es über die N 196 und D 157 bis nach Porto Pollo.

▶ Olmeto Plage

Der Strand liegt in einer leicht hügeligen Umgebung und bietet mit einer Länge von knapp 3 km goldenen Sandstrandes ein beeindruckendes Bade-Erlebnis. Die Bebauung hinter dem Strand ist sehr urtümlich und stört deshalb nicht.

Anfahrt: Über die N 196 und die D 157 von Propriano Richtung Porto Pollo bis Olmeto Plage (Abbartello) fahren. Im Ort mehrere Zugänge zum Strand.

▶ Plage de Baraci

Senkrecht durch die Bucht zieht sich der Strand, der auch im hinteren Teil ganz naturbelassen ist – keine Bebauung weit und breit. Der Sandstrand ist feinkörnig und hell, das Wasser klar und hellblau. Man erreicht den Strand von einem kleinen Parkplatz aus über einen unbefestigten Weg.

Anfahrt: Der Strand liegt nahe der Verbindungsstraße N 196 etwa 2 km nördlich von Propriano.

▶ Plage de Portigliolo

Idyllisch mündet der Fluss Rizzanese Riu ins Meer. Anfang und Ende des Strandes sind nicht absehbar – wie auch, bei einer Länge von 4 km! Die abgeschliffenen Felsgebilde vervoll-

Im Golf von Valinco: Der Strand von Portigliolo ist unendlich lang und schön.

ständigen die zauberhafte Atmosphäre. Hier gibt es Wassersportangebote, Strandbars und Toiletten. Dafür aber auch gelegentlich hohe Wellen und Strömungen – also ein Strand für schwimmsichere Kinder.

Anfahrt: Von der N 196 zweigt südlich von Propriano die D 121 ab. Auf dieser am Aérodrome de Propriano-Tavaria vorbei, bis es noch vor der Ortschaft Portigliolo rechter Hand Zufahrtsmöglichkeiten zum Strand gibt (zum Teil unbefestigte Wege).

▶ Plage de Campomoro

Südsee-Idylle pur! Das tief smaragdfarbene Wasser und der gleißend helle Sand zeichnen diesen Strand als einen der traumhaftesten der Insel aus. Der Plage de Campomoro liegt am südlichen Zipfel des Golfs. Das Wasser in der kleinen Bucht ist seicht und ruhig, sodass auch kleinere Kinder ein uneingeschränktes Bade-Vergnügen finden. Eine Besonderheit ist, dass man Liegestühle mieten kann. Der knapp 1 km lange Strand kann im Sommer schnell überlaufen sein. Tipp: Wenn man

Richtung Wachturm geht, kann man in einer der kleineren Buchten vielleicht ein ruhigeres Plätzchen für sich finden. Dafür muss man aber einen etwa 20-minütigen Fußmarsch in Kauf nehmen.

Anfahrt: Von Propriano aus fährt man zunächst auf die N 196, biegt aber bald rechts auf die D 121 ab und wendet sich wieder Richtung Küste. Dieser Straße Richtung »Belvédère/Campomoro« bis ganz ans Ende folgen.

An der westlichen Südspitze zwischen Campomoro und Bonifacio gibt es weitere traumhafte Strände. Die Gegend ist jedoch straßenmäßig weitgehend unzugänglich. Nur eine Straße führt von der N 196, die Propriano mit Bonifacio verbindet, hinunter nach Tizzano. Ansonsten ist das Gebiet unerschlossen und die weitere Vorstellung der Strände beginnt daher erst wieder beim wunderschönen Strand von Roccapina, der südwestlich von der Ortschaft Roccapina liegt.

Badespaß am Plage de Palombaggia.

Plage de Roccapina und Plage d'Erbaju

Der Plage de Roccapina in der malerischen Sandbucht mit dem unglaublich hellen Sand liegt direkt »um die Ecke« vom größeren Plage d'Erbaju. Beide sind von der N 196 aus gut zugänglich. Neben hölzernen Strandskulpturen erscheint der weiße Sand richtig bizarr. Ein sanfter Zugang ins türkisfarbene Wasser erlaubt auch kleineren Kindern großes Badevergnügen. Da der Plage de Roccapina im Hochsommer schnell aus allen Nähten platzt, ist der weitläufigere Nachbarstrand eine gute Alternative. Oberhalb befindet sich neben einem Genueserturm das Felsgebilde »Löwe von Roccapina«.

Anfahrt: Oberhalb des Aussichtspunktes Roccapina zweigen bei der Auberge Coralli von der N 196 zwei Wege ab. Sie sind nicht ausgebaut, aber befahrbar. Der rechte führt zum Plage d'Erbaju, der linke zum Plage de Roccapina.

Wir überspringen die Bucht von Figari, die zwar auch einen wunderschönen Strand verbirgt, der aber den Surfern vorbehalten bleibt. Für Kinder ist er eher ungeeignet.

Plage de Tonnara

Im Golfe de Ventilegne, nordwestlich von Bonifacio, ist der Strand Plage de Tonnara in einen schmalen, gelblichen Sandstreifen eingebettet. Der seichte Zugang zum Wasser und die Ruhe am Strand machen ihn für Familien attraktiv. Die vorgelagerten Inselchen sind für gute Schwimmer – in Begleitung von Mama oder Papa – interessante Schwimmziele! Ein kleiner Hafen mit Restaurant schließt sich dem Strand an.

Anfahrt: Auf ziemlich genau halber Strecke zwischen Roccapina und Bonifacio führt rechter Hand die asphaltierte D 358 zum Strand.

Plage de Piantarella

Eine kleine, feine Badebucht mit hellem Sandstrand, die hinter Dünen auch noch ziemlich versteckt liegt. Der Strand ist nur über einen Trampelpfad von der Nachbarbucht aus zu erreichen.

Anfahrt: Von Bonifacio in Richtung »Camping Des Illes« fahren und danach weiter Richtung Meer. Zunächst den ersten Strand zu Fuß überqueren und dann über einen Trampelpfad in die Nachbarbucht.

Plage de la Rondinara

Schon allein wegen der zauberhaften Umgebung gilt dieser Strand als einer der schönsten Frankreichs. Der Sand ist feinkörnig und sehr hell – im Kontrast dazu das hellblaue, klare Wasser des Meeres. Der in eine geschützte Bucht eingebettete Strand ist zwar schmal, aber sehr lang und aufgrund des sanften Zugangs ins Wasser gut für Kleinkinder geeignet. Erreicht wird dieser Traumstrand nur über eine kleine Kletterpartie.

Anfahrt: Auf der N 198 von Bonifacio nach Porto-Vecchio bis zur Abzweigung Suartone. Hier rechts auf die D 158 und der engen, kurvigen Straße bis zum Strand folgen.

Plage de Santa Giulia

Die Nr. 1 der Strände auf Korsika! Der schneeweiße Sand, das smaragdgrüne Wasser und der sanfte Zugang ins Wasser machen den Zauber dieses langen Strandes im Süden von Porto-Vecchio aus. Kleine Felsinselchen können zu Fuß durchs Wasser watend erreicht werden. Es gibt Wassersportangebote und Liegestühle können gemietet werden. Duschen und Umkleidekabinen sowie Cafés und Strandbars sorgen für einen behaglichen Strandaufenthalt.

Anfahrt: Von der N 198 von Bonifacio nach Porto-Vecchio zweigt rechts eine kurze Straße zum beschilderten (»Les Plages«) Strand ab.

Plage de Palombaggia

Ebenfalls südlich von Porto-Vecchio findet man den nächsten Traumstrand, der ebenfalls als DER schönste Strand der Insel gehandelt wird.

Es gibt hier nicht so eine umfassende Versorgung in Sachen Wassersport und Verpflegung. Dafür ist er mit dem Schatten spendenden Pinienhain im Rücken weitaus natürlicher und charmanter als der berühmte Nachbarstrand. Hier konkurriert der weiße Sand nicht nur mit dem türkisfarbenen Wasser, sondern auch noch mit rot leuchtenden Felsen. Doch der kilometerlange Strand ist schnell überlaufen. Tipp: Die südlichere der beiden Buchten, über die sich der Plage de Palombaggia erstreckt, ist die ruhigere und ursprünglichere. Sie ist eher für größere Kinder geeignet, da das Wasser schnell tief wird und Brandung haben kann. In Schwimmnähe gibt es ein paar schöne Kletterfelsen zu erobern.

Anfahrt: 5 km südlich von Porto-Vecchio geht es von der N 198 links ab in Richtung Bocca dell'Oro. Nach dem Ort noch wenige Kilometer.

Plage de Pinarellu

Der letzte Südstrand mit weißem, feinem Sand und herrlich blauem Wasser liegt nördlich von Porto Vecchio, ebenfalls geschützt hinter einem Pinienwald. Da es auch an dieser Bucht an windstillen Tagen keine Wellen gibt und der Zugang ins Wasser sanft ist, fühlen sich Familien mit kleinen Kindern sehr wohl. Südlich ist der mehrere Kilometer lange Sandstrand von der Ile de Pinarellu begrenzt (Ausflug 26). Am Strand beim Friedhof gibt es einen Bootsverleih, nördlich davon einige Restaurants direkt am Strand.

Anfahrt: Man folgt der N 198 von Porto-Vecchio Richtung Solenzara, bis man in der Ortsmitte von Ste-Lucie-de-Porto-Vecchio Richtung Pinarellu abzweigt. Dieser Straße bis zum Strand folgen.

21 ▸ Abwechslungsreich: Campomoro!

Zum Wachturm und zum Baden am Traumstrand ab 3 J.

Campomoro ist ein kleiner Ort am südwestlichen Golf von Valinco, der sich in seiner Einfachheit mediterranen Charme erhalten hat. Er liegt am Ende einer Zufahrtsstraße, die als Sackgasse abrupt endet. Was aber nicht bedeutet, dass hier nichts los ist! Man kann einen der eindrucksvollsten genuesischen Wachtürme der Insel besteigen oder im türkisblauen Wasser an einem flachen, herrlich weißen Sandstrand baden – oder einfach beides machen. Wer den Spaziergang zum Wachturm erweitern möchte, findet Wege und Pfade unterschiedlicher Länge und Schwierigkeit vor, die zu Wanderungen entlang der bizarren Westküste einladen.

KURZINFO

Ausgangspunkt: Parkplatz in Belvédère de Campomoro.

Anfahrt: Von Propriano aus über die N 196 Richtung Sartène. Von dieser Straße zweigt rechts die D 121 ab, der wir bis Campomoro folgen. Die Straße endet im oberen Ortsteil.

Anforderungen: Sehr einfacher Weg mit wenigen, mäßigen Steigungen.

Altersgruppe: Ab 3 Jahren.

Gehzeit: 1 Std. hin und zurück für den direkten Weg zum Turm. Die Tour ist beliebig erweiterbar.

Weglänge: 2,7 km, beliebig erweiterbar.

Höhenunterschied: 80 m im An- und Abstieg.

Ausrüstung: Wanderschuhe oder Trekking-Sandalen (je nach Weglänge), ausreichend Wasser, Badesachen.

Öffnungszeiten Turm: Mitte Juni bis Mitte Sept. täglich 10–13.30 und 16– 19.30 Uhr. Mitte Sept. bis Anfang Okt. Mittwoch bis Sonntag von 10–17 Uhr. Anfang Okt. bis Anfang Nov. Mittwoch bis Sonntag 10–13 Uhr. Letzter Einlass jeweils 30 Min. vor Schließung.

Eintrittspreise Turm: Erwachsene 3,50 €, Kinder bis zwölf Jahre frei.

Einkehr: Hinter dem Strand von Campomoro gibt es sehr schöne Restaurants und Cafés, die Terrassen zum Strand hin haben. Für den kleinen Bedarf an Erfrischungen liegt der Lebensmittelladen auf dem Weg vom Turm zum Strand.

Unterkunft: Nur 300 m vom schönen Sandstrand entfernt und recht zentral in Campomoro liegt der **Campingplatz »Peretto les Roseaux«** (20110 Belvédère Campomoro, Tel. +33/(0)4 95 74 20 52). Für Zelte gibt es schöne, schattige Plätze unter Eukalyptusbäumen, für Wohnwagen und Wohnmobile kann es eng werden. Da der Platz eher klein ist, sollte weit im Voraus reserviert werden. Ein kleiner Lebensmittelladen ist vorhanden. Etwas edler und größer ist der 3-Sterne-Platz **»Lecci e Murta«** an der D 121 bei Portigliolo (20110 Propriano, Tel. +33/(0)4 95 76 02 67, www.camping-lecci-murta.com). Ebenfalls nur 300 m vom Strand entfernt gibt es hier auch ein Schwimmbad, eine Pizzeria mit Holzofen-Pizza und ein Lebensmittelgeschäft. Bungalows können gemietet werden.

Auf Entdeckungstour an der Mauer um den Innenhof des Turms.

Der Ausblick aus der Schießscharte der Turm-Mauer zeigt, wo es nachher hingeht – an den herrlichen Strand!

Wollen wir uns das Badevergnügen am Traumstrand erst verdienen, starten wir mit der Wanderung zum genuesischen Turm. Man parkt am Strand (1) und geht ein Stückchen durch den Ort, vorbei an einem kleinen Lebensmittelladen mit Eis-Angebot (2). Weiter geht es, bis man an ein Tor (3) gelangt, nach dem es nur zu Fuß weitergeht (parken darf man an dieser Stelle nicht mehr!). Nun durchqueren wir ein Wohngebiet und folgen bergauf der Beschilderung »Tour de Campomoro«. Wenig später treffen wir auf eine große Wandertafel, auf der anschaulich die hier möglichen Wanderungen vorgestellt werden. Die Strecken reichen von einer Stunde Gehzeit für den Spaziergang direkt zum Turm bis zu einem ganztägigen Gewaltmarsch an der Küste entlang nach Süden in Richtung Tizzano. Im Großen und Ganzen sind es drei unterschiedlich lange Runden, über die man den Turm erwandern kann. Alle drei Touren sind übersichtlich in ihrer Länge und haben ihre Reize. Teilweise führt der Weg direkt am Meer entlang, sodass man einen Badestopp an einer einsamen Felsbucht einlegen kann. Teilweise schlängeln sich die Wege durch bizarre Steinformationen hindurch, die nicht nur die Fantasie der Kids anregen, sondern auch zum Kraxeln motivieren. Man kann die Wege auch miteinander kombinieren und an den einzelnen Abzweigungen entscheiden, wohin man gehen möchte – wenn man sich zuvor ein ungefähres Limit gesetzt hat.

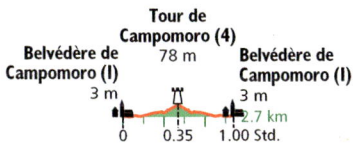

109

Kurz nachdem wir das asphaltierte Sträßchen verlassen und einen Pfad erreicht haben, wird unser direkter Weg zum Turm schattig und führt durch dichte Macchia. Unterwegs begleitet uns auf Schildern der Turmwächter »Antò«, der vor sieben Jahrhunderten auf dem Turm von Campomoro gelebt haben soll. Unterhaltsam erzählt er nette Fabeln, Geschichten und Interessantes über den ganzen Landstrich – leider nur auf Französisch. Für alle, die keine Französisch-Profis in der Familie haben, sind die Illustrationen zumindest eine kleine Bildergeschichte.

Auf diese kurzweilige Art und Weise geht es in Windeseile hinauf zum mächtigen **Tour de Campomoro** (4). Es gibt viele genuesische Wachtürme auf der Insel Korsika, aber dieser hier ist schon etwas Besonderes: Er ist der größte und, neben dem Turm von Porto, der einzige Wachturm, der für die Öffentlichkeit zugänglich ist. Sogar eine kleine Ausstellung (mit deutschen Texten) gibt es im dicken Bauch des Turmes

Der Turm von Campomoro.

zu betrachten. Thema sind die Piratenangriffe im 16. Jahrhundert. Der Turm von Campomoro wurde 1585 erbaut und diente dazu, den Golf zu bewachen. Denn schließlich kann man das Meer nicht absperren, wie es in der Ausstellung heißt.

Von der **Aussichtsplattform** des Wachturmes hat man einen herrlichen Rundumblick und sieht aus der Vogelperspektive sowohl die Küste als auch den in die Bucht von Campomoro geschmiegten, traumhaften Sandstrand. Ein Blick durch die Schießscharten gibt den jungen Abenteurern ein Gefühl dafür, wie es für die Wachleute früher war. Im schattigen Innenhof kann man rasten und ringsum auf der inneren Mauer-Balustrade ein wenig auf Entdeckungsreise gehen.

Dann geht es zunächst ein paar Meter wieder Richtung Campomoro zurück, bis wir eine **Weggabelung** (5) erreichen. Hier entscheiden wir, ob wir gleich zurück in den Ort gehen oder noch zur **»Anse des Genois«** absteigen (ausgeschildert mit »Cala Genovese«). Biegen wir Richtung Meer, landen wir nach wenigen Minuten an der wunderschönen Bucht mit bizarren Sandsteinformationen. Auf ebenem, sandigen Pfad geht es zwischen diversen Tierfiguren und anderen Fantasiegebilden hindurch, und man gelangt schließlich an einen Abzweig, an dem man wieder entscheiden kann, ob man zurück nach Campomoro wandert oder weiter dem Küstenpfad folgt.

Ist man schließlich zurück im Ort und hat sich mit Eis versorgt, sollte man genügend Zeit für den Aufenthalt am herrlichen **Sandstrand** einplanen.

Vom Turm aus kann man die verschiedenen Wege am Meer entlang sehen, die man später wandern kann.

22 Mittelalterliche Mauern

Bonifacio – der Glanzpunkt der Südspitze   ab 4 J.

Ganz viele Stellen, Sehenswürdigkeiten und Städte gibt es auf Korsika, von denen es heißt: Das ist eine der Hauptattraktionen der Insel! Und hier haben wir wieder so ein Beispiel, es handelt sich diesmal um die Stadt Bonifacio an der Südspitze Korsikas. Dass weiße Kreidefelsen senkrecht zum Meer hin abbrechen, ist eine Sache und sieht alleine schon märchenhaft aus. Dass auf den Klippen in 80 Metern Höhe über dem Meer aber Teile der Stadt wie eine Festung thronen, kann Groß und Klein schon eine ehrfurchtsvolle Gänsehaut verursachen! Falls man nur wenig Zeit hat für Bonifacio – was sehr schade wäre! – muss man eins unbedingt machen: per Boot auf die Meerenge zwischen Korsika und Sardinien schippern und von dort aus die weißen Kreidefelsen im Panorama bestaunen. Und vor allem in die vom Meer ausgewaschenen und sehr gespenstischen Grotten linsen.

Als Trutzburg ragt die mächtige Zitadelle aus der Altstadt heraus und erhebt sich über der Unterstadt und dem Hafen von Bonifacio.

Die Altstadt und die steile, berühmte Treppe vom Schiff aus gesehen.

KURZINFO

Anfahrt: Bonifacio liegt am südlichsten Zipfel der Insel an der Meerenge zwischen Korsika und Sardinien. Von der Westküste her führt die N 196 nach Bonifacio, von der Ostküste die N 198. Die beiden Straßen treffen sich 2,5 km vor Bonifacio, die N 196 führt dann als »Einbahnstraße« in die Stadt. 62 km Richtung Nord-Westen liegt Propriano an der Westküste und 27 km Richtung Nord-Osten ist Porto-Vecchio die nächstgrößere Stadt an der Ostküste.

Altersgruppe: Ab 4 Jahren.

Besuchsdauer: 1 bis 2 Tage.

Informationen: Office de Tourisme, 2 Rue Fred Scamaroni BP506, 20169 Bonifacio, Tel. +33/(0)4 95 73 11 88, E-Mail: tourisme.bonifacio@wanadoo.fr, www. bonifacio.fr. Öffnungszeiten: Okt.bis April Montag bis Freitag 9–12 und 14–18 Uhr, Juni und Sept. Montag bis Sonntag 9–19 Uhr, Juli und Aug. Montag bis Sonntag 9–20 Uhr.

Tipp: Für die Stadtbesichtigung kann man beim Office de Tourisme Audioguides für 5 € pro halben Tag ausleihen.

Ausrüstung: Bequeme Schuhe und Sonnenschutz.

Einkehr: Entlang des Hafenbeckens reiht sich ein Restaurant an das andere. Fast alle haben Kindermenüs auf ihrer Speisekarte. In der Altstadt zahlreiche Crêperien, Eisdielen und Snackbars.

Unterkunft: Rund um Bonifacio gibt es mehr als ein halbes Dutzend Campingplätze. Sie liegen alle nah am Meer und vom Zwei-Sterne-Platz (z.B. **Camping »Cavallo Morto«**; 20169 Bonifacio, Tel. +33/(0)4 95 73 04 66, www. camping-cavallomorto.com) bis zum Vier-Sterne-Platz **»Pertamina U Farniente«** (20169 Bonifacio, Tel. +33/(0)4 95 73 05 47, www.camping-pertamina.com) sind alle Kategorien vertreten. Besonders für junge Familien geeignet ist der Drei-Sterne-Platz **»Camping des Iles«**, 4 km von Bonifacio und 900 m vom Strand entfernt mit Schwimmbad (20169 Bonifacio, Tel. +33/(0)4 95 73 11 89, www. camping-desiles.com). Für Babys gibt es einen eigenen Raum, in dem sie versorgt werden können. Auch zahlreiche Ferienanlagen und Bed & Breakfast-Angebote gibt es in und um Bonifacio (Adressen beim Office de Tourisme).

Der Ort Bonifacio besteht aus zwei Teilen, der mittelalterlichen Oberstadt und der Unterstadt mit der Marina im Hafenbereich. Der Kreidefelsen mit der Altstadt oben drauf hat die Form einer Landzunge und verläuft parallel zur Küste. Dahinter liegt am Ende eines Fjords der Hafen von Bonifacio. Die Nachbarinsel Sardinien wird von hier aus mehrfach täglich (in der Saison sogar stündlich) mit Fähren in 50 Minuten Fahrzeit angesteuert, ebenso das französische und das italienische Festland. Die **Altstadt** von Bonifacio betreten wir über eine genuesische Zugbrücke, die uns ins Mittelalter zu versetzen scheint. Das Tor war ursprünglich der einzige Zugang zur Stadt. Folgt man nun noch dem zickzackförmigen Tunnel zur Zitadelle und gelangt auf die engen, kopfsteingepflasterten Gässchen, ist das Abenteuergefühl perfekt.

Über die engen und verwinkelten Altstadtgässchen, wo an jeder Ecke ein lecker duftender Crêpes-Stand lockt, gelangen wir auch zu der berühmten Treppe, der **»Escalier du Roi d'Aragon«**. Erwachsene zahlen für die Strapaze bergab und bergauf 2,50 €, Kinder bis zwölf Jahre dürfen kostenlos auf die steile »königliche« Treppe – wofür sie hinterher am Kassenhäuschen zur Belohnung sogar ein Diplom bekommen. Das ist auch gerechtfertigt, denn die Stufen sind tatsächlich nicht einfach zu bewältigen. Jede Stufe ist ca. 30 bis 40 Zentimeter hoch – schon für Erwachsenenbeine eine Herausforderung! Unterhalb der Treppe befindet sich eine Galerie, unter der sich in einem Becken Süßwasser gesammelt hat. Das Becken liegt hinter einem großen Felsen, der das hindurchströmende salzige Meerwasser filtert. Man könnte vom Meer aus in

HALLO KINDER,

wer Bonifacio besucht, muss auf alle Fälle die sowohl beschwerlichen als auch abenteuerlich steilen Treppenstufen der Escalier du Roi d'Aragon im Kreidefelsen bezwingen. Es gibt viele Legenden, die erklären wollen, was es mit der Treppe auf sich hat. So wird erzählt, dass im Jahr 1420 König Alfons V. von Aragonien die vielen Treppenstufen in nur einer Nacht in den Felsen habe schlagen lassen. Auf diese Weise wollte der Spanier einen Zugang schaffen und die vom Meer aus uneinnehmbare Stadt erobern. Zu der Zeit war Bonifacio in genuesischer Hand. Wirklich glaubwürdig ist das allerdings nicht, wenn man bedenkt, dass es von den oberen Häusern aus 187 Stufen abwärts geht. Es ist schon anstrengend, diese Stufen zu Fuß zu bewältigen – ganz zu schweigen davon, sie in einer Nacht in den Felsen zu hauen! Andere Geschichten erzählen, dass die Einwohner der Stadt selbst die Treppe gebaut hätten. Sie wollten ihrerseits einen Zugang zum Meer öffnen, da König Alfons die Hafeneinfahrt blockierte. Als Unterstützung aus Genua nahte, soll ein mutiger Einwohner Bonifacios die zusammengebundenen Schiffe der Spanier gelöst haben, die so zurück aufs Meer hinaustrieben. Die Zufahrt für die Retter aus Genua zum Hafen war damit frei!

MUSEEN

Musée »Mémorial du Bastion«:
Von Anfang Juni bis Mitte Sept. täglich 9–20.30 Uhr geöffnet, April und Mai sowie Sept. bis Anfang Okt. täglich 9–18 Uhr.
Eintritt: Erwachsene 2,50 €, für Kinder bis 12 Jahre frei.
Aquarium: Im Juli und Aug. täglich 9.30–24 Uhr geöffnet, von Anfang bis Mitte Juni täglich 10–21 Uhr und von Mitte bis Ende Juni 10–22 Uhr, im April, Mai und Sept. täglich 10–20 Uhr und von Anfang bis Mitte Okt. 10–12 und 14–18 Uhr. Ab Mitte Okt. bis Ende März geschlossen.
Eintritt: 3,80 € für Erwachsene, 1,90 € für Kinder von 3 bis 14 Jahren.

dieses Süßwasserbecken gelangen und darin plantschen.
Weiter geht's durch die festungsbewehrte, mittelalterliche Altstadt, wobei sich ständig wunderbare Blicke auf die bizarre Lage der Stadt über den Klippen bieten. Am Marktplatz etwa befindet sich der schöne Aussichtspunkt La Manichella mit Blick auf das zwölf Kilometer entfernte Sardinien. Ein Anlaufpunkt unserer Stadterkundung muss unbedingt auch die Zitadelle sein, die als die wichtigste Befestigungsanlage Korsikas gilt. Benannt wurde sie nach dem Grafen Bonifacio der hier im Jahr 828 n.Chr. im Auftrag des Papstes eine Festung erbaute. Diese wurde in der Folgezeit umgebaut und erweitert und sollte die Südküste der Insel vor den Invasionen der Sarrazenen schützen. Von der obersten Befestigungsmauer, die man über eine Treppe erreichen kann, hat man einen besonders schönen Ausblick.

Beschwerlich, aber ein echtes Erlebnis ist die »Escalier du Roi d'Aragon«.

Zuletzt ist das Museum »Mémorial du Bastion« in der Altstadt einen Besuch wert. Hier wird die Geschichte Bonifacios anschaulich rekonstruiert, unter anderem der Aufenthalt Karls V. in Bonifacio, der Besuch Napoleons oder das Schiffsunglück der »La Sémillante« bei den Lavezzi-Inseln. Die »Dame de Bonifacio« (siehe S. 121) ist als Nachbildung ebenfalls mit von der Partie und befindet sich in Gesellschaft des Skeletts eines türkischen Soldaten.
Verlassen wir nun die Altstadt und wenden uns dem Hafen zu. Vom großen Parkplatz aus geht es am Hafenbecken entlang bis zu den Anlegestellen der Ausflugsboote. Restaurants auf der linken und Souve-

nirshops auf der rechten Seite säumen unseren Weg. Einen Kurzbesuch wert ist der Laden »Les Bonbons du Corsaire«. Von Piraten bewacht verstecken sich hier in einer Grotte Süßigkeiten-Schätze, wie man sie selten sieht – wenn es ein Schlaraffenland gibt, dann ist es hier!

Am hinteren Hafen wetteifern die Anbieter der Bootsfahrten um Passagiere. Wenn ein deutschsprachiger Anbieter darunter ist, sollte man auf ihn zurückgreifen. Denn gerade für Kinder sind die Erläuterungen unterwegs sehr spannend. Entscheidet man sich für eine **Bootsrundfahrt**, geht es entlang der über drei Kilometer langen Stadtmauer hinaus auf die Straße von Bonifacio, die Meerenge zwischen Korsika und Sardinien. Unterwegs passiert man die Grotte St. Antoine, die wegen ihrer Form »das Steuerruder Korsikas« genannt wird, den südlichsten Zipfel Korsikas und Frankreichs über-

haupt und das sogenannte »Grain de Sable« (Sandkorn), einen Felsbrocken, der vor etwa 200 Jahren vom Hauptfelsen abgebrochen ist und nun etwas verloren im Meer steht.

Die »Kleine Karibik« trägt ihren Namen zu Recht.

ches de Bonifacio

Nach einem Blick auf die Treppe des Königs von Aragon wenden die Ausflugsschiffe und schippern nun in die andere Richtung, vorbei am Leuchtturm, um eine kurze Runde durch die »Kleine Karibik« zu drehen. Helle Sandstrände und hellblaues Wasser verraten, woher die Bucht ihren Namen hat. Das Bonbon der Rundfahrt ist jedoch eine Einfahrt in eine der Grotten, die vom Meer aus den Felsen herausgespült wurden. Man mag es nicht glauben, dass ein Schiff in die enge Dunkelheit hineinfahren kann. Aber das Erlebnis ist einmalig!

Statt der einstündigen Rundfahrt (ca. 17 € für Erwachsene und 12 € für Kinder) kann man auch eine längere Bootstour zu den Lavezzi Inseln unternehmen (Hin- und Rückfahrt ca. drei Stunden.). Am besten lässt man sich dort »absetzen«, genießt den Tag auf der einsamen Insel beim Baden und fährt mit einem späteren Boot wieder zurück. Diese Fahrten sind jedoch verhältnismäßig teuer (ab 40 € pro Erwachsener)

und oft auch an eine Ausflugstour mit Vollversorgung gekoppelt.

Ein Tipp nicht nur für Schlechtwetter-Tage ist das Aquarium an der Hafenpromenade, das man fast übersehen könnte. In einer natürlichen Grottenlandschaft sind 13 Becken mit Fisch- und Krebsarten des hiesigen Meeres untergebracht.

Zum Schluss gibt es noch einen Hinweis für Unerschrockene: An der Spitze der Halbinsel und außerhalb der Stadt befindet sich ein Friedhof, der »Cimetière Marin«. Interessant ist der Seemanns-Friedhof in der Mitte. Begraben sind hier Seemänner, die beim Untergang des französischen Segelschiffes »Sémillante« im Jahr 1855 gestorben sind. Das Schiff war in einen Sturm geraten und erlitt Schiffbruch. Keines der fast 700 Besatzungsmitglieder überlebte. Beeindruckend sind die mannshohen Grabstätten. Einer Sage zufolge sind die Schreie der Möwen auf den Lavezzi-Inseln, wo sich das Unglück ereignete, die Schreie der Seemänner. Na, wen gruselt es?

23 ▶ Auf den Spuren der Vergangenheit

Die Castelli di Cucuruzzu und Capula ab 4 J.

Unbenommen eins der Highlights für Kinder im Süden der Insel ist das bronzezeitliche Kastell von Cucuruzzu, bei Levie auf einer Hochebene im Alta-Rocca-Gebirge gelegen. Hier ist alles vereint, was einen Ausflug spannend und interessant macht: Ein toller Weg durch einen verwunschenen Zauberwald aus Korkeichen, Kastanien und Schwarzkiefern, eine Führung per Audioguide, die viele fesselnde Infos mit auf den Weg gibt, und historische Stätten mit Gänsehaut-Garantie. Kernstück des Spaziergangs durch den Wald ist die riesige, gut erhaltene Festungsanlage der Torre-Kultur.

K U R Z I N F O

Ausgangspunkt: Parkplatz an der archäologischen Stätte »Cucuruzzu et Capula«.

Anfahrt: Bei Porto-Vecchio zweigt von der N 198 die D 368 in nordwestliche Richtung ins Alta-Rocca-Gebirge ab. Vorbei an Ospédale und dem Stausee geht es 34 km weit ins Gebirge hinein bis fast nach Zonza. Kurz vorher biegt man auf die D 67 Richtung Levie ab und stößt bei San-Gavino-di-Carbini auf die D 268, der man bis Levie folgt. 3 km nach Levie zweigt rechts eine beschilderte Bergstraße (viele Schlaglöcher) ab, auf der man nach 4 km den Parkplatz der »Site Archéologique Cucuruzzu et Capula« erreicht.

Öffnungszeiten: Anfang April bis Ende Okt. täglich 9.30–18 Uhr, im Juni und Sept. bis 19 Uhr, im Juli und Aug. bis 20 Uhr. Die Kasse schließt 2 Std. vor Schließung der Fundstätte! Im Winterhalbjahr gibt es Führungen nur für Gruppen und auf Anfrage (Informationen unter Tel. +33/(0)4 95 78 48 21).

Eintrittspreise: Erwachsene 5,50 €, Kinder bis 12 Jahre 3 €.

Anforderungen: Schattiger, vorwiegend bequemer Weg meist durch Wald; kleine Kletterpassagen und kurze felsige Pfade vor allem innerhalb des Kastell-Gemäuers von Cucuruzzu.

Altersgruppe: Ab 4 Jahren.

Gehzeit: 2 bis 3 Std. An der Kasse wird für den Aufenthalt eine Besuchsdauer von 2 Std. empfohlen. Das ist ein wenig knapp bemessen, wenn man sich intensiv mit den einzelnen Stationen befasst. Lieber mehr Zeit einplanen.

Weglänge: 3,0 km.

Höhenunterschied: 100 m im An- und Abstieg.

Ausrüstung: Wanderschuhe oder Trekkingsandalen, evtl. Handtuch (Bach).

Einkehr: Unterwegs keine. Im wenige Kilometer entfernten Gebirgsdorf Levie gibt es Bars und Restaurants.

Unterkunft: Direkt in Levie gibt es keinen Campingplatz, Plätze in der näheren Umgebung findet man bei Zonza (sehr schön liegt der **Camping »La Riviere«** zwischen Zonza und Quenza; siehe S. 143). In Levie selbst Herbergen, Bed & Breakfast und eine **Gîte d'étape**. Letztere ist in einem schönen Steinhaus im Zentrum von Levie untergebracht und bietet fünf Vierbett-Zimmer (auch Halbpension möglich; 20170 Levie, Tel. +33/(0)4 95 78 46 41, www.gites-corsica.com).

![Castellu di Cucuruzzu]

Castellu di Cucuruzzu: Sehr gut erkennt man noch den früheren Innenhof mit den Eingängen zu den drei miteinander verbundenen Lagerräumen.

Nachdem wir die Anfahrt auf der holprigen Asphaltstraße bis zum **Parkplatz** (1) der archäologischen Stätte »Cucuruzzu et Capula« unbeschadet überstanden haben, folgen wir den Wegweisern zu einem kleinen Holzhäuschen, dem **Eingang** der Stätte (2). Hier erleben wir eine Überraschung: Wir werden heute nicht aufs Geratewohl losmarschieren und schauen, was uns der Weg zu bieten hat. Stattdessen händigt man uns Audioguides aus, mit denen wir auf Deutsch die Kommentare zu den einzelnen Stationen anhören können. Zusätzlich gibt es für die Kinder ein liebevoll zusammengestelltes Begleitheft mit anschaulichen Skizzen und Zeichnungen. Die Erwachsenen erhalten als Pendant die »Erwachsenen-Ausgabe« dieses Hefts. So einen Luxus gibt es selten!

Mit Audioguide und Erläuterungsbuch kann es losgehen auf Entdeckungsreise in den Märchenwald.

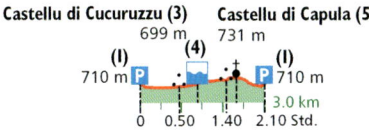

Castellu di Cucuruzzu (3)   **Castellu di Capula (5)**
699 m   731 m
(I)   **(4)**   **(I)**
710 m   710 m
3.0 km
0   0.50   1.40   2.10 Std.

Auch verborgene Höhlen sind Bestandteil des Rundgangs.

Es macht nicht nur großen Spaß, auf diese Weise auf den Spuren der Vergangenheit zu wandeln. Die Kinder lernen nebenbei ganz spielerisch viel über die Geschichte der Urlaubsinsel. Auch kleine Kinder kann man so für die geheimnisvollen Relikte aus der Vergangenheit begeistern und zu einem abenteuerlichen Marsch durch den Wald bewegen. Jede Station der Rundtour ist mit einer Zahl gekennzeichnet, die man auf dem Audioguide anwählen und im Begleitheft nachschlagen kann. Normalerweise würde man vermutlich recht achtlos über den Weg schlendern. Wir erfahren aber, dass genau dieser Weg bereits von den Steinzeitmenschen angelegt wurde. Die säuberlich aufgeschichteten Steinmauern rechts und links sind sozusagen »original«. Kaum vorstellbar, dass sie von Menschenhand vor Tausenden von Jahren errichtet wurden.

Der Höhepunkt unseres Ausfluges ist aber das »Castellu di Cucuruzzu« (3), das aus wuchtigen Granitsteinen auf der Hochebene Pianu di Levie errichtet wurde. Während die Eltern die unglaubliche Aussicht bis ins Bàvella-Massiv genießen, spüren die Kinder geheime Gänge, versteckte Höhlen und verborgene Türme auf. Die Anlage stammt aus der Bronzezeit und gehört zur Torre-Kultur. Die torreanische Besiedlung mit ihren charakteristischen turmartigen Bauten (siehe S. 127) startete auf Korsika etwa um 1600 v.Chr. Etwa 700 Jahre später, also um 900 v.Chr., wurde das torreanische Castellu di Cucuruzzu erbaut und besiedelt. Das Kastell selbst ist dreigliedrig aufgebaut und besteht aus der eigentlichen Festung, dem Kult-Monument mit der Cella (das ist der Hauptraum im Inneren) und dem torreanischen Dorf. Eine Mauer aus besonders großen Blöcken gibt dem

MUSEUMSTIPP

Nach dem Ausflug zum Castellu di Cucuruzzu wartet die »Dame von Bonifacio« auf einen Besuch. Unter dieser rätselhaften Bezeichnung finden wir im archäologischen Museum von Levie das Skelett einer Frau, die im 7. Jahrhundert v.Chr. gelebt hat. Dieses Skelett ist der älteste Hinweis auf menschliches Leben auf der ganzen Insel Korsika! Neben der edlen Dame kann man Feuersteine, Pfeilspitzen und Töpferwaren aus der Bronzezeit bestaunen, die hier in der Gegend gefunden wurden. Das Museum hat von Mai bis Oktober täglich von 9–19 Uhr geöffnet (an Feiertagen geschlossen) und von November bis April täglich von 10–17 Uhr (sonntags und an Feiertagen geschlossen). Erwachsene zahlen 3 € Eintritt, Kinder 1,50 €.

Kastell etwas Wehrhaftes und verdeckt, in die natürliche Felskulisse eingegliedert, das Innere weitgehend. Da die Gegend nach dem Mittelalter nicht mehr besiedelt und somit keinen zerstörerischen Einflüssen ausgesetzt war, ist die Anlage recht gut erhalten und wird uns eine ganze Weile fesseln.

Beim Weiterweg überqueren wir einen **Bach** (4), an dem man an heißen Tagen auch einmal im flachen Wasser Erfrischung finden kann. Danach geht es etwas sonniger weiter in Richtung der zweiten Besiedlungsanlage, dem **»Castellu di Capula«** (5), das nicht minder spannend zu erkunden ist. Das »Capula« stammt ebenfalls aus der Bronzezeit, wurde aber deutlich nach Cucuruzzu erbaut und bis ins 13. Jahrhundert n.Chr. besiedelt. Man sieht das auch gleich am Mauerwerk – die Steine sind hier viel feiner verarbeitet, die Mauerblöcke nicht mehr gar so grob. Dass hier Menschen mit Metallwerkzeugen am Werk waren, erfährt man zusätzlich anhand der Erläuterungen.

Das »neuere« Kastell Capula ist schon sehr viel feiner gearbeitet.

Nun wenden wir uns schon fast wieder dem Eingang zu. Unterwegs treffen wir noch auf eine **Kapelle** (6), die aber leider verschlossen ist. Durch schmale Schlitze kann man einen Blick ins Innere erhaschen. Auf unserem Rückweg liegt noch eine beeindruckende Natursteintreppe, bevor es auf einem breiteren Zufahrtsweg zurück zum **Kassenhäuschen** geht.

24 ▶ Enge Gassen voller Leben

Die umtriebige Südstadt Porto-Vecchio   ab 4 J.

Die Stadt Porto-Vecchio liegt am gleichnamigen, tief eingeschnittenen Golf im äußersten Süden der Insel Korsika. Diese südliche Lage ist einer der Gründe, warum die Stadt im Sommer hoffnungslos überlaufen ist. Erhascht man trotz der vielen Touristen vom alten Stadttor, der Porte Génoise aus, einen Blick über den acht Kilometer breiten Golf, hat man auch den Hafen mit den Fähr- und Kreuzfahrtschiffsanlegestellen und die Salinen im Blick. Von hier aus verkehren die Fähren nach Marseille.

KURZINFO

Anfahrt: Porto-Vecchio ist die letzte größere Stadt am südlichen Ende der Ostküste. Man erreicht sie sowohl von Norden als auch von Süden über die Küstenstraße N 198, an der Porto-Vecchio direkt liegt. Nach Bonifacio im Süden sind es 27 km, nach Bastia im Norden 142 km.

Altersgruppe: Ab 4 Jahren.

Besuchsdauer: 1 Tag.

Informationen: Office de Tourisme, Rue du Docteur Camille de Rocca Serra (nördlich des Place de la Republique), 20137 Porto-Vecchio, Tel. +33/(0)4 95 70 09 58, www.ot-portovecchio.com. Öffnungszeiten: Juli und Aug. von Montag bis Samstag 9–20 Uhr, Sonntag 9–13 Uhr, von Juni bis Sept. Montag bis Samstag 9–13 und 15–18 Uhr, von Okt. bis Mai Montag bis Freitag von 9–12 und 14–18 Uhr, Samstag 9–12 Uhr.

Ausrüstung: Bequeme Schuhe und Sonnenschutz.

Einkehr: Im Bereich der Marina und in der Altstadt rechts und links der Porte Génoise gibt es jede Menge Restaurants der unterschiedlichsten Kategorien. Die meisten bieten auch Kindermenüs an.

Unterkunft: Bei einem Besuch in Porto-Vecchio empfiehlt es sich, einen der schön gelegenen und auch nicht weit von der Stadt entfernten Campingplätze in Richtung der Traumstrände Palombaggia und Santa Giulia anzusteuern. Zwischen Porto-Vecchio und dem Strand von Palombaggia (dorthin 4 km) liegt der Platz »Camping Asciaghju«, 300 m von einem Sandstrand entfernt (20137 Porto-Vecchio, Tel. +33/(0)4 95 70 37 87, www.campingasciaghju.com). Hier gibt es schattige Plätze, einen Lebensmittelladen und eine Bar. Auch der Platz »Camping Bella Vista« liegt schön vermittelt zwischen Traumstrand und Porto-Vecchio und von beidem nur wenige Autominuten entfernt (20137 Porto-Vecchio, Tel. +33/(0)4 95 70 58 01, www.campingbellavista.com.fr). Eine gepflegte Anlage mit Bäumen und Blumen und einem schönen Panoramablick auf den Golf von Porto-Vecchio sorgt für Urlaubsstimmung. Es gibt einen kleinen Pool und man kann Chalets mieten. Von den Plätzen rund um Porto-Vecchio sei der »Camping Cupulatta« (20137 Porto Vecchio, Tel. +33/(0)4 95 21 45 66, www.cupulatta.com) im Norden der Stadt empfohlen. Mit einem sehr schönen Pool und einem Kinderspielplatz ist auch dieser Platz sehr familienfreundlich.

Eng und damit so richtig mediterran geht es zu in den Gässchen von Porto-Vecchio.

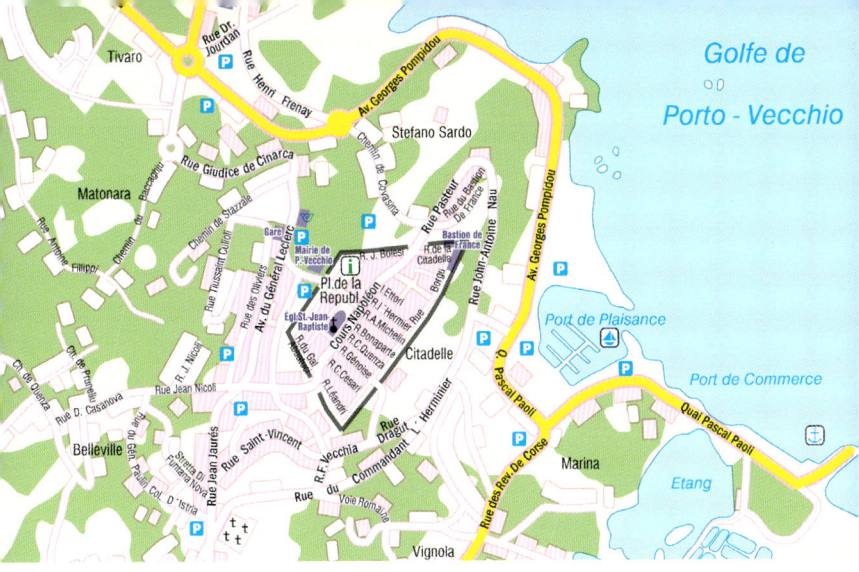

Porto-Vecchio besteht aus drei Teilen: Es gibt einen oberen Teil mit der Altstadt und den engen Gässchen, einen unteren, neueren Teil mit Boutiquen und Geschäften sowie den Hafen. Hier befindet sich auch der **Yachthafen** mit großem Parkplatz, auf dem man am besten das Auto abstellt, um die Stadt zu erkunden. Neben dem Yachthafen liegt der Handelshafen und daneben die Salinen. Hier wird auch heute noch Salz gewonnen, was man aber leider selten live erleben kann.

Wer Porto-Vecchio erst einmal den Rücken kehren und sich dem Meer zuwenden möchte, kann hier an Bord eines der Schiffe gehen, Bonifacio und/oder die Iles Lavezzi ansteuern. Die Schiffe fahren gewöhnlich gegen 9 Uhr morgens ab und passieren Richtung Bonifacio die Iles Cerbicale, die Strände Palombaggia, Santa Giulia, La Rondinara und Sperone. Auf den Lavezzi-Inseln gibt es eine Bade-Einlage, eine weitere bei der Ile Cavallo. Rückkehr in Porto-Vecchio ist gegen 18 Uhr. Die aufregenden Fahrten sind allerdings recht teuer (ca. 65 € für Erwachsene, Kin-

der von fünf bis zwölf Jahren 40 €). Haben wir den Hafen hinter uns gelassen, geht es über die steile Rue Dragut und die Rue Fontana Vecchia hinauf in die verwinkelte **Altstadt** von Porto-Vecchio. Wir betreten sie durch die **Porte Génoise**, die früher der einzige Zugang zur festungsbewehrten Stadt war. Vom Tor aus hat man einen schönen Panoramablick über den Hafen, das Meer, das umgebende Tal mitsamt den Salzfeldern und die Berge. Die malerische Altstadt, die wir nun betreten, ist etwas ganz Besonderes. Das Netz aus Pflasterstein-Gässchen, die so eng sind, dass man mit ausgebreiteten Armen fast von einer Seite zur anderen greifen kann, mutet mittelalterlich an. Souvenirläden schmiegen sich auch in die engsten Gassen und vor allem reiht sich ein Restaurant an das andere. Am besten sucht man sich ein Restaurant mit Terrasse zum Hafen hin. Dann kann man den Blick auf das Meer genießen, was besonders in den Abendstunden sehr schön ist. Die Restaurants entlang der Rue Borgo, die beidseitig von der Porte Génoise ab-

HALLO KINDER,

der Städtename Porto-Vecchio ist italienisch und heißt übersetzt »alter Hafen«. Rund um Porto-Vecchio verteilen sich torreanische Burgen und Festungen. Das lässt darauf schließen, dass die Küstenstadt schon sehr früh besiedelt war. Tatsächlich waren es die alten Griechen, die im 9. Jahrhundert v.Chr. genau an dieser Stelle einen Hafen erbauten. Sie nannten ihn »Portus Syracusanus«. Von den Griechen ist aber heute nichts mehr zu spüren. Die genuesische Befestigung stammt aus dem Jahre 1539. Der Standort für die Festung war klug gewählt, denn durch einen vorgelagerten Berg war sie vom Meer aus nicht sichtbar (und ist sie heute auch von der Landseite aus kaum). Doch auch diese Bastion war gebeutelt von Befreiungskriegen. Schließlich rotteten Hungersnot und die Krankheit Malaria die Einwohner Porto-Vecchios Ende des 16. Jahrhunderts aus. In den folgenden Jahrhunderten wurde die Stadt wieder besiedelt. Doch die Malaria-Mücke, die hier im Mündungsgebiet von zwei Flüssen beheimatet war, blieb ein Problem. Viele Menschen steckten sich an und erst Ende der 1950er Jahre wurde die Krankheit eingedämmt. Daraufhin erlebte Porto-Vecchio einen Aufschwung, der heute noch sichtbar ist.

geht, haben alle eine solche Terrasse und auch jeweils Kindermenüs in akzeptablen Preisklassen.

Zentraler Punkt der Altstadt ist der **Place de la République**. Man findet ihn, indem man auf die weithin sichtbare **Kirche Saint-Jean Baptiste** zusteuert. Maler haben Bilder ausgestellt, viele Cafés reihen sich um den Platz, in der Mitte gibt es eine kreisförmige Vertiefung mit Stufen zum Sitzen – es hat ein bisschen was von Paris, dieses mediterrane Plätzchen!

Wie es sich für die Stadt mit dem drittgrößten Hafen auf Korsika gehört, gibt es auch hier eine Festung, die **Bastion de France**. Sie wird so genannt, weil sie von französischen Truppen besetzt war, als sich Porto-Vecchio am 14. Juni 1769 an den französischen König ergab. 1989 wurde die Festung restauriert, wes-

wegen sie sich heute gut erhalten präsentiert. Es gibt noch eine weitere Festung, nämlich die **Bastion San Antonia**.

Auch das Umfeld von Porto-Vecchio kann sich sehen lassen. Südlich von Porto-Vecchio findet man zwei der berühmtesten – wenn nicht sogar DIE berühmtesten! – Strände der ganzen Insel: Palombaggia und Santa Giulia. Aber auch nördlich folgen Strände und Buchten, die vielleicht weniger berühmt, aber nicht minder schön sind (siehe S. 105). Im Hinterland von Porto-Vecchio beginnt das Waldgebiet L'Ospédale im Alta-Rocca-Massiv, einer herrlichen Gebirgsregion, in deren Norden man die zerklüfteten Bergspitzen Aiguilles de Bavella leuchten sieht. Wem also die Stadt vor allem im Sommer zu trubelig wird, hat genug Möglichkeiten, zu »entkommen«.

Auf dem Place de la République ist es herrlich!

25 ▶ Festung aus der Bronzezeit zu erobern

Zum Castellu d'Araghju　　　　　　　　　　　　　ab 4 J.

Kleine Zeitreise gefällig? Dann soll es heute in die Bronzezeit und in die Zeit der Torreaner zurückgehen. Im 2. Jahrtausend v.Chr. wurde das monumentale Kastell erbaut, das auf unsere Entdeckung wartet. Es ist eine der am besten und vollständigsten erhaltenen torreanischen Anlagen auf Korsika. Hier kann man forschen, suchen und Verstecken spielen. Der Fantasie beim Erkunden der Festung sind keine Grenzen gesetzt! Doch das alte Gemäuer will erobert werden, und so müssen wir ein kurzen, aber steilen Anstieg bewältigen, um zu der gewaltigen Anlage zu gelangen.

K U R Z I N F O

Ausgangspunkt: Der Ort Arraggio.
Anfahrt: Von der N 198 zweigt nördlich von Porto-Vecchio und der kleinen Ortschaft Ste-Trinité die D 759 nach Araghju ab. Der Straße 2 km bis in den Ort folgen. Dort ist das Kastell gut ausgeschildert. Zwischen der Bar »La Casella d'Arraggio« und dem Spielplatz befindet sich der Einstieg zur Wanderung rechts in der Kurve (schmaler Pfad, Holzschild).
Anforderungen: Kurzer, aber sehr steiler und felsiger Weg. Trittsicherheit ist von Vorteil. Da es keinen Schatten gibt, ist die heiße Mittagssonne für diesen Ausflug unbedingt zu vermeiden.
Altersgruppe: Ab 4 Jahren.
Gehzeit: 1.30 Std.

Weglänge: 1,4 km.
Höhenunterschied: 150 m im An- und Abstieg.
Ausrüstung: Wanderschuhe.
Einkehr: Die Bar »La Casella d'Arraggio« mit schöner großer Terrasse liegt idyllisch an einem Bach. Abends sollte man ein Mittel gegen Stechmücken dabei haben. Es gibt leckere Crêpes, Snacks und Speisen. Ein kleiner Laden mit korsischen Spezialitäten ist der Bar angeschlossen.
Unterkunft: Das Castellu ist von allen Campingplätzen rund um Porto-Vecchio gut erreichbar (siehe S. 122). Günstig liegt der Platz »**Cupulatta**« wenige Kilometer nördlich von Porto-Vecchio mit Pool, Freizeitangeboten und Kinder-Animation. Lebensmittel, Snacks und Babynahrung werden auf dem Platz angeboten, eine Pizzeria liegt 400 m entfernt.

Wir starten an der **Bar »La Casella d'Arraggio«** (1) und überqueren den **Bach** (2). Nun beginnt der felsige Anstieg über einen ausgewaschenen Pfad durch die Macchia. Unterwegs macht der Weg einige Kehren, dazwischen müssen wir immer wieder sehr steil aufwärts steigen. Wenn es dann ein Stückchen nicht mehr ganz so steil bergauf geht, erkennt man linker Hand einen großen, weißen **Felsblock** (3). In ihm befindet sich eine Höhle, die natürlich erforscht werden sollte.

Ob es wohl zwischen ihr und der irgendwo über uns versteckten Festung einen Zusammenhang gegeben hat? Waren hier vielleicht Wachleute der Festung oder Späher positioniert oder war die Höhle bewohnt?

Weiter geht es, bis sich linker Hand eine kleine Aussichtsfläche auftut. Das Meer scheint von hier zum Greifen nah. Erstaunlich ist, dass wir immer noch nichts von dem Kastell sehen, dem wir uns doch die ganze Zeit nähern. Zumindest wissen wir jetzt, dass es in früheren Zeiten gut getarnt auf seinem Berghang stand! Nach einem weiteren steilen Stück

Der Eingangsbereich des Kastells besteht aus wuchtigen Felsplatten.

HALLO KINDER,

das seefahrende und gefürchtete Volk der Shardanen landete um 1600 v.Chr. auf Korsika. Man nennt sie heute »Torreaner«, weil sich die erste Ausgrabungsstelle, die man mit ihnen in Verbindung brachte, im Ort Torre an der Ostküste befindet. Vor allem nennt man sie aber wegen ihrer Turmbauweise so: Türme – die »torre« – waren das herausragende Merkmal der Festungen aus dieser Zeit. Das Castellu d'Araghju ist eine wahre Muster-Anlage der torreanischen Bauten. Meist standen sie auf Anhöhen, von wo aus die Wachleute die Küste im Blick hatten. Die Rundbauten bestanden aus ordentlich aufgeschichteten Steinen mit einer angedeuteten Kuppel darüber. Es gab einen großen Eingang zum Mittelpunkt der Anlage, der Cella, und winzige Seitenkammern. Um die Anlagen herum wurden zum Schutz gegen Überfälle Steinwälle errichtet. Als Behausungen dienten die Bauten jedoch offenbar nicht, dafür waren sie zu klein. Möglicherweise hatten sie eine kultische Bedeutung, was man aus den in der Cella gefundenen Ascheresten schließen könnte. Vielleicht wurden sie als Feuertempel genutzt?

Die Torreaner zeigten alle Merkmale von Menschen der Bronzezeit: Sie fertigten Werkzeuge und Waffen wie Dolche und Schwerter aus Bronze. Außerdem trugen sie Lederhelme mit Hörnern und Brustharnische. Zwischen 1000 und 800 v.Chr. verlieren sich ihre Spuren. Es wird angenommen, dass die Torreaner sich dann auf die Nachbarinsel Sardinien zurückzogen, um dort nach Kupfer zu suchen, das sie für die Herstellung der Bronze benötigten.

Das Herumstöbern in dem alten Gemäuer ist ausdrücklich erwünscht!

den Hang hinauf ist es aber geschafft, und unvermittelt sehen wir auf der linken Seite einen steinernen Türsturz, der den Eingang ins **Castellu d'Araghju** bildet (4). Schon an diesem beeindruckenden Eingangsbereich kann man erkennen, wie wichtig das Fort in früheren Zeiten gewesen sein muss. Der Gang, durch den es ins Innere geht, ist etwa zehn Meter lang und besteht aus massiven Felsplatten. Vom Zentrum der Anlage, der sogenannten Cella, gehen verschiedene Räume ab, die im Ansatz alle noch erhalten sind. An manchen Stellen führen Steintreppen auf die vier Meter hohen und zwei Meter dicken

Mauern, die das Kastell einfassen. Insgesamt umgeben 120 Meter Mauer die ganze Festung!

Spätestens jetzt sollten die Kinder ausschwärmen, die Verstecke der Festungsanlage aufspüren und die Mauer in Beschlag nehmen. Außerhalb des Kastells, gegenüber vom Eingangsportal, führt ein Trampelpfad in ein kleines Dickicht, in dem ein Plan des Kastells hängt. Hier kann man nachvollziehen, wie die Anlage ursprünglich aufgebaut war und wo sich was befand – etwa der Turm, von dem heute noch die Grundmauern erhalten sind.

Wir dürfen auch nicht vergessen, den sagenhaften Blick über den Golf von Porto-Vecchio zu genießen! Besonders schön kann man das bei einem kleinen Picknick in der Abendstimmung. Und danach geht es auf demselben felsigen Weg zurück, den wir auch heraufgestiegen sind.

Castellu d'Araghju (4)
232 m
Bar La Casella (2)
Arraggio (I)
88 m
Arraggio (I)
1.4 km
0 1.00 1.30 Std.

Unterwegs wie die Indianer

Kajak-Tour zur Ile de Pinarellu   ab 6 J.

Auf Korsika kann man klassisch wandern, man kann flusswandern und man kann sogar auf dem Meer auf Wanderschaft gehen. Auf eigene Faust geht es diesmal los im Fortbewegungsmittel der Indianer: dem Kajak. Dafür brauchen wir natürlich ein aufregendes und verlockendes Ziel, denn einfach so auf dem Meer umherschippern kann ja jeder. Wir finden es in Form einer Insel, die dem Strand von Pinarellu im Süden vorgelagert ist. Obendrauf steht, weithin sichtbar, ein Genuesenturm, den wir heute erforschen wollen! Da man nur auf dem Seeweg an den geheimnisvollen Turm herankommt, ist der Besuch der verwunschenen Ile de Pinarellu ein besonderes Abenteuer.

K U R Z I N F O

Ausgangspunkt: Bootsverleih am Strand von Pinarellu.

Anfahrt: Von der Küstenstraße N 198 von Porto-Vecchio Richtung Solenzara zweigt im Ort Ste-Lucie-de-Porto-Vecchio die D 168A Richtung Pinarellu ab. Dieser Straße bis zum Strand folgen. Man trifft gegenüber vom Friedhof (Parkplatz) direkt auf den Bootsverleih.

Anforderungen: Die Kajaks sind für maximal zwei Personen ausgelegt. Auch mit Erwachsenem an Bord ist Kondition der Kinder beim Rudern von Vorteil.

Altersgruppe: Ab 6 Jahren.

Kajakstrecke: 8 km. Insgesamt etwa

2 Std. Fahrzeit (Hin- und Rückfahrt).

Ausrüstung: Badeschuhe, möglichst mit Profil (wegen Wanderung auf der Insel), Badesachen, Sonnenschutz.

Preise: 12 € pro Stunde und Kajak.

Wissenswertes: Die Kajaks haben ein wasserdichtes Fach für Fotoapparat und Autoschlüssel. Ein ganzer Rucksack passt hier jedoch nicht hinein.

Einkehr: Am Strand von Pinarellu gibt es eine kleine Strandpromenade mit Eisdielen, Snackbars und Restaurants sowie einer schattig gelegenen Crêperie.

Unterkunft: Neben vier weiteren Plätzen gibt es im Umfeld von Ste-Lucie-de-Porto-Vecchio den naturnahen drei-Sterne-Platz »Le California« direkt an der Küste (siehe S. 142).

Unsere Entdeckungsfahrt mit dem Kajak beginnt am Strand von Pinarellu (1). Zwar kann man hier auch motorisierte Boote mieten, aber wir wollen uns ja wie die Indianer auf den Weg machen. Die Insel scheint zum Greifen nah, aber wenn man erst einmal die Fischerboote und Yachten passiert hat, die vor Pinarellu vor Anker liegen, ist man schon ein bisschen schlapp – fühlt sich dem Ziel aber kaum näher. Wir ru-

Was bei den Indianern so locker aussieht, ist ganz schön anstrengend.

Das Ziel wirkt ganz nah – man unterschätzt die Entfernung jedoch!

dern also tapfer auf die Insel zu und peilen, vom Strand aus gesehen, die rechte Inselseite an. Sobald wir an den **Fisch-Aufzuchtbecken** (2) vorbei sind, scheint es fast geschafft zu sein – trotzdem zieht sich der Weg auf dem Meer noch eine ganze Weile hin.

Ein etwas verwittertes Schild mit der Aufschrift **»Ile de Pinarellu«** (3) markiert schließlich den Anlegepunkt, an dem wir vor Anker gehen.

Es ist die einzige Stelle auf der Insel, von der aus man den Turm erreichen kann. Der Pfad ist mehr zu erahnen, aber glücklicherweise deutlich ausgetreten. Eine Wegmarkierung gibt es allerdings nicht, und so halten wir uns Richtung Osten, den Turm als Ziel immer fest im Blick. Durch Macchia steigen wir leicht bergan und fühlen uns wie Robinson Crusoe. Die ungewohnte Einsamkeit macht den ganzen Ausflug ein wenig gespenstisch, der Spaß an dem Abenteuer ist riesig!

Haben wir den **Turm** (4) stolz erreicht und den Ausblick auf das Festland genossen, gehen wir denselben Weg zurück zum Boot. Da wir unser schönes Erlebnis aber noch nicht beenden wollen, paddeln wir weiter gegen den Uhrzeigersinn zur Rückseite der Insel. Etwa in der Mitte befindet sich ein herrlicher **Strand** (5), den man höchstwahrscheinlich ganz für sich alleine hat. Umrahmt von leuchtend roten

Robinson-Feeling am einsamen Traumstrand.

Felsen mit versteckten Höhleneingängen und phänomenal dunkelblauem Wasser lässt sich hier ein unvergesslicher Badestopp einlegen. Man kann klettern, plantschen und sich mutig in die Höhlen hineinwagen. Und vor der Nase nichts als das offene Meer!

Auch danach muss der Kajak-Ausflug noch nicht zu Ende sein. Vom Pinarellu-Strand aus ist der Blick auch schon auf die kleine Insel gewandert, die sich links von der Ile de Pinarellu befindet. Es ist mehr ein riesiger Felsbrocken als eine Insel, aber das Gebilde lockt zur Erforschung. Genannt wird die interessante Formation **»Ilot Roscana«** (6) – »Inselchen Roscana«. Also nehmen wir Kurs auf diesen Felsen, der sich im Näherkommen als Vogel-Eldorado entpuppt. Die Hinterlassenschaften der Vögel haben dem Felsen ei-

nen Überzug gegeben, der wie eine dünne Schicht Schnee aussieht.

Nach der genauen Inspizierung des mysteriösen Inselchens geht es geradewegs zurück zum Strand von Pinarellu. Man sollte viel Zeit für die Kajaktour einplanen, denn man unterschätzt leicht die Entfernung zwischen dem Festland und der Ile de Pinarellu. Auch der Badestopp am einsamen hinteren Strand darf nicht zu kurz ausfallen, schließlich wollen ja auch die beim Rudern verlorenen Kräfte wieder aufgetankt werden.

Kormorane auf dem Inselchen Ilot Roscana.

27 ▶ Genuesenturm zum Anfassen

Spaziergang zum Tour de Fautea　　　ab 3 J.

Heute kommen einmal die ganz jungen Wanderer zum Zug. Es geht zum Tour der Fautea, wenige Kilometer nördlich von Ste-Lucie-de-Porto-Vecchio gelegen. Der Genuesenturm ist einfach zu erreichen und von Nahem sehr beeindruckend in seiner Massigkeit, doch das Beste an ihm ist: Direkt nebenan liegt ein herrlicher Sandstrand in einer kleinen Bucht, der noch als Geheimtipp gilt und deshalb wenig überlaufen ist.

KURZINFO

Ausgangspunkt: Direkt an der N 198.
Anfahrt: Über die Küstenstraße N 198 von Porto-Vecchio aus Richtung Solenzara fahren. 5 km nördlich von Ste-Lucie-de-Porto-Vecchio ist rechts der Turm (von der Straße aus nicht sichtbar). Parkmöglichkeit am Straßenrand oder am Campingplatz »Faoutea«.
Anforderungen: Kurzer, einfacher Spaziergang ohne schwierige Stellen.
Altersgruppe: Ab 3 Jahren.
Gehzeit: 45 Min.
Weglänge: 1,3 km.
Höhenunterschied: 30 m im An- und Abstieg.
Ausrüstung: Trekkingsandalen, Badesachen.

Einkehr: In Ste-Lucie-de-Porto-Vecchio gibt es Bars und Restaurants an der Durchfahrtsstraße bzw. 3 km Richtung Meer an der kleinen Promenade am Strand von Pinarellu.
Unterkunft: Rund um Ste-Lucie-de-Porto-Vecchio gibt es zahlreiche Campingplätze (siehe S. 122). Ganz nah am Ausgangspunkt der Tour und besonders schön in einer Bucht am Meer gelegen ist der Campingplatz »Faoutea« (20144 Ste-Lucie-de-Porto-Vecchio, Tel. +33/(0)4 95 71 41 51). Die Parzellen sind terrassenförmig den Hügel hinab angeordnet und haben Schatten. Wegen der Hanglage ist der Platz mehr für Zelte als für Wohnmobile geeignet. Snackbar, Lebensmittelladen und ein kleines Restaurant gibt es direkt auf dem Platz, ebenso einen Spielplatz.

Der Einstieg des Spaziergangs zu dem weithin sichtbaren Genuesenturm Fautea ist direkt an der Straße an einer **Schranke** (1). Es gibt keine Wegemarkierung, man muss aber

auch kein Pfadfinder sein, um zum Turm zu gelangen. An einer **Weggabelung** (2) geht es links zum Turm, rechts hinunter zum Meer und an den schönen Strand Fautea. Aber zunächst wollen wir unsere Aufmerksamkeit ja dem imposanten und gut erhaltenen Turm widmen. Also marschieren wir links ab und der Nase nach durch Macchia, bis wir vor dem dicken Bauch des **Turmes Fautea** (3) stehen. Eine ange-

Tour de Fautea (3)　Plage de Fautea (4)
32 m　6 m
N 198 (I)　　　**N 198 (I)**
10 m 🅿🏕🏖🅿 10 m
1,3 km
0　0.30　0.45 Std.

Vom nicht überlaufenen Sandstrand hat man den Turm stets im Blick.

lehnte Leiter gibt uns Hoffnung, den Turm besteigen zu können, aber leider versperrt oben eine abgeschlossene Gittertür den Weg ins Innere des Turms. Also müssen wir uns damit begnügen, den Riesen zu umrunden und auf diese Weise zu bestaunen. Selten kommt man einem der richtig großen Genuesentürme so nah! Der Turm ist ein »Monument Historique«, das heißt, ein geschichtlich bedeutsames Bauwerk. Nach der Umrundung des Turms gehen wir zurück zur **Wegkreuzung** (2) und schlagen diesmal den Weg hinunter zum **Plage de Fautea** (4) ein. Eine kleine Bucht mit hellem, feinem Sand erwartet uns. Manchmal ist der Wellengang sehr hoch, aber der Zugang ins Wasser ist relativ flach. Mit dem Genuesenturm im Blick lässt es sich vortrefflich baden und das dunkelblaue Wasser der

»blauen Küste« Korsikas genießen! Auf dem gleichen Weg geht es zurück zum **Parkplatz**.

So eine schöne Treppe und dann führt sie nur zu verschlossenen Türen …

28 ▶ Bergziegen-Alarm!

Crête des Terrasses im Bavella-Massiv

ab 8 J.

Die berühmteste Wanderung im Bavella führt zum »Trou de la Bombe«, zu Deutsch »Bombenloch« – das ist eine ungewöhnliche Felsformation mit einem großen, mannshohen Loch mitten im Felsen. Dieses magische Gebilde wollen wir heute zwar auch unter die Lupe nehmen, nutzen aber zusätzlich die natürliche Kletterumgebung für eine ausgiebige und ganz individuelle Kraxeltour hinein in die Felslandschaft des Bavella-Massivs.

KURZINFO

Ausgangspunkt: Parkplatz am Col de Bavella.

Anfahrt: Vom Küstenort Solenzara, an der N 198 gelegen, zweigt die D 268 ins Bavella-Tal ab. Der kurvenreichen Bergstraße etwa 30 km folgen bis zum Col de Bavella und zum Parkplatz mit der Madonna-Statue.

Anforderungen: Teils steile Waldwanderung und beliebig variierbare Klettereinlagen auf dem Hochplateau. Am Beginn der Tour orange markiert, später als GR 20 bezeichnet.

Altersgruppe: Ab 8 Jahren.

Gehzeit: 3.30 bis 4.30 Std.

Weglänge: 8,2 km.

Höhenunterschied: 450 m im An- und Abstieg.

Ausrüstung: Bergschuhe, Regenbekleidung, Badesachen. Da der Himmel im Bavella-Massiv auch bei guter Wetterlage um die Mittagszeit oft vollkommen bewölkt ist, kann es aufgrund der Höhenlage recht frisch werden. Jacken sollten auf jeden Fall im Rucksack sein.

Einkehr: Unterwegs keine. Im Village de Bavella gibt es Restaurants. Auf dem Weg zurück zur Küste ist linker Hand vor dem Camping »Rosmarinu« eine Crêperie, die neben Crêpes auch korsische Tagesgerichte anbietet. Am Campingplatz kann man in der Pizzeria einkehren.

Unterkunft: Eine Auberge befindet sich im Village de Bavella. Campingplätze findet man in der Umgebung des nahen Zonza, beispielsweise den »Camping La Riviere« (siehe S. 143). In Richtung Küste liegt der Campingplatz »U Rosumarinu« (siehe S. 145).

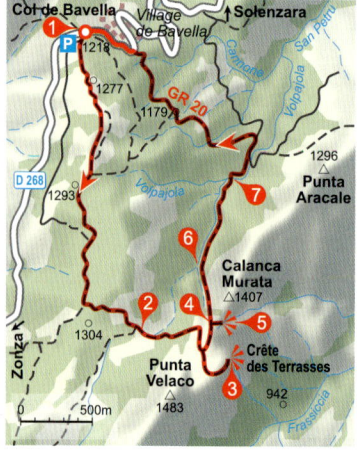

Wir starten an der Madonna-Statue am **Col de Bavella** (1), überqueren die Straße und folgen auf der gegenüberliegenden Seite geradeaus den Berghang hinauf der orangefarbenen Markierung. In manchen Jahren kann man bereits auf den ersten Metern ins Stocken geraten. Dann nämlich bevölkern Unmengen von Pinienprozessionsspinnern unseren Weg. Die Ketten der marschierenden Raupen erkennt man schon von Weitem, auch die Säckchen an den Bäumen mit den Larven darin stechen uns ins Auge. Man sollte diesen Aufmärschen nicht zu nahe

Die große Madonna-Statue am Col de Bavella.

kommen, denn die feinen Härchen der Tiere können auf der Haut unangenehme allergische Reaktionen hervorrufen (siehe S. 28).

Nachdem wir die erste Anhöhe erreicht haben, folgen wir halb rechts dem Weg durch die Wiese und halten uns im Anschluss links. Rechter Hand passieren wir schließlich einen **Hubschrauberlandeplatz** (2). Kurz nach dem Schild Richtung »U Cumpuleddu« schlagen wir den Weg rechts hinauf über felsige Geröllplatten ein. Das ist unser Einstieg ins Abenteuer! Steinmännchen als Wegmarkierung helfen uns auf dem Pfad weiter, bis wir schließlich einen **Sattel** erreichen. Hier halten wir uns sofort rechts und passieren einen kurzen Felsdurchgang und lassen schließlich eine deutliche Felsnase rechts liegen. So erreichen wir ein **Plateau** mit herrlichen Ausblicken auf das Meer. Ab hier begegnen wir

Die erste richtige Kraxeleinlage lässt nicht lange auf sich warten.

keinen anderen Wanderern mehr, denn jetzt beginnt unser kleiner Privatausflug. Nun darf in weitgehend weglosem Gelände geklettert wer-

»Crête des Terrasses«: ein Spielplatz für »Bergziegen«.

den. Wir erklimmen ein weiteres Hochplateau, die **»Crête des Terrasses«** (3). In luftigen Höhen mit Panorama-Blicken lässt es sich herrlich picknicken und die Einsamkeit der Bergwelt genießen. Rings um uns herum laden wuchtige Felsblöcke zum Klettern ein. Da die Felsen nicht besonders hoch sind und es daneben auch nicht meterweit in die Tiefe geht, kann man die Kids dieses Abenteuer einfach genießen lassen.

Weit unter uns erkennen wir wie kleine Ameisen die Wanderer, die unterwegs zum »Trou de la Bombe« sind.

Auch wir suchen uns langsam den Weg in diese Richtung über diverse Kletterhindernisse. Das Ziel ist von unserem erhöhten Aussichtspunkt aus gut sichtbar, deshalb darf auch hier nach Herzenslust ein eigener Weg gefunden werden. Schließlich stoßen wir wieder auf den breiten

HALLO KINDER,

schon allein die Fahrt durch das Bavella-Tal ist ein Erlebnis und ein Abenteuer. Unterwegs trifft man auf ganze Herden frei lebender Wildschweine und sieht sich furchteinflößenden Ebern und niedlichen Frischlingen gleichermaßen gegenüber. Neugierig kommen die borstigen Freunde ans Auto – es könnte ja etwas für sie herausfallen. Auch Kühe blockieren gerne mal die schmale Bergstraße, während sie ihren Mittagsschlaf mitten auf der Fahrbahn halten. Was das Tal aber so einzigartig macht, sind die zahlreichen Badegumpen, an denen man stoppen und im herrlich klaren Wasser der Solenzara baden kann. Es gibt Badebecken in allen Größen und Tiefen, sodass sicher für jeden von euch ein passendes Plantschbecken zu finden ist.

Hauptweg zum »Trou de la Bombe«. Diesem folgen wir nach rechts, biegen bald danach wieder rechts ab und gehen über einen felsigen Pfad bergauf, bis wir plötzlich direkt vor dem **»Trou de la Bombe«** (4) stehen. Durch das Felsloch steigen wir natürlich hindurch und bestaunen auf der anderen Seite den Blick ins nächste Tal bis zum Meer (5). Wem der Bergkamm »Crête des Terrasses« zum Klettern noch nicht gereicht hat, kann hier noch ein wenig die Zeit mit Kraxeln vertreiben, während man sich an der Schlange zum Fotografieren anstellen muss …

Zurück am Hauptweg schließen wir uns nicht den übrigen Wanderern an, sondern gehen direkt und ohne Wegmarkierung den vor uns liegenden, grünen und baumlosen Berghang hinab. Es ist ein **Trampelpfad** erkennbar, der in leichten Serpentinen den steilen Hang hinabführt. Vor einem **Bach** folgen wir dem Pfad nach rechts und bleiben auf der rechten Seite des Baches. Nun können wir zur Erholung von den Kletterstrapazen mehrmals Badestopps einlegen. Die erste **Badestelle** (6) mit gutem Zugang zum Wasser ist direkt dort, wo wir auf den Bach gestoßen sind. Nach dem Aufenthalt am Wasser sind wir noch eine ganze Weile im schattigen Kiefernwald unterwegs und genießen den guten Waldgeruch und den weichen Waldboden. Zum Bach kann man immer wieder hinabgehen. Schließlich überqueren wir den Bach an einer deutlich erkennbaren Stelle (7), an der wir bereits den ausgetretenen Pfad die Böschung hinauf

Am »Trou de la Bombe«.

auf der anderen Seite sehen. Schließlich wenden wir uns auf einem breiten Weg nach rechts. Ein Blick zurück lässt uns stolz erkennen, welchen hoch gelegenen Grat wir erklettert haben. Zuletzt empfängt uns gut ausgeschildert der **GR 20**, dem wir nach links folgen. Teils sehr steil, teils unwegsam wegen des riesigen Wurzelwerks der großen Bäume ist das noch einmal ein anspruchsvolles Wegstück, bevor wir auf die Fahrstraße D 238 stoßen, die wir die letzten 300 Meter bis zum **Parkplatz** entlanggehen.

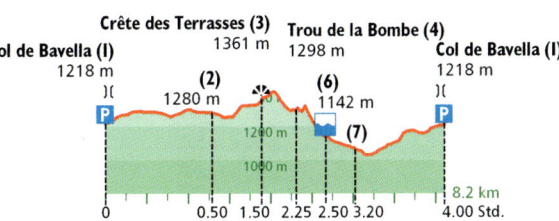

137

29 ▶ Waten, Klettern, Schwimmen

Abenteuer-Tour durch den Fluss Fiumicelli   ab 6 J.

Ein unschlagbares Highlight im Bavella-Tal sind die Gumpen des Fiumicelli. Die Flusswanderung durch den Seitenbach der Solenzara ist sowohl als »Canyoning für Einsteiger« geeignet, als auch für erfahrene und anspruchsvolle Gumpen-Wanderer, denn man kann den Fiumicelli in beliebiger Länge begehen. Unterwegs trifft man auf Schwierigkeitsstufen aller Art, hat aber in den meisten Fällen eine Ausweichmöglichkeit. So kann man sich immer entscheiden, wie weit man sich verausgaben kann und will. Davon abgesehen ist die Wasserwanderung durch den Fiumicelli (noch) weniger bekannt als die ebenfalls im Bavella-Tal gelegenen Kaskaden des Polischellu.

KURZINFO

Ausgangspunkt: Pont de Fiumicelli an der D 268.

Anfahrt: Von Solenzara an der Küste aus fährt man auf der D 268 Richtung Bavella-Pass. Man passiert den Campingplatz »U Rosarinu« und gelangt nach ca. 15 km an die Fiumicelli-Brücke, die in einer Links-Kurve liegt (Schild »Pont de Fiumicelli«). Links der Brücke gibt es einen kleinen Parkplatz.

Anforderungen: Flusswanderung, die stetig anspruchsvoller wird, aber im Bereich des ersten Kilometers noch gut für kleinere Kinder zu schaffen ist. Danach kommen die ersten tieferen Becken, die man schwimmend durchqueren oder über Felsen kletternd umgehen muss (beides sehr anspruchsvoll).

Altersgruppe: Ab 6 Jahren.

Gehzeit: Beliebig; für die lange Variante bis zum oberen Parkplatz 3.45 Std, davon 3 Std. im Fluss.

Weglänge: Beliebig; bis zum oberen Parkplatz insgesamt 4,7 km, davon knapp 3 km im Fluss.

Ausrüstung: Badeschuhe, möglichst mit Profil, Badesachen. Um auch die tieferen Becken (schwimmend) zu meistern, müssen Rucksack (bzw. dessen Inhalt) und Ausrüstung wasserdicht (z.B. in Plastiktüten) verpackt werden. Für die tieferen Becken kann man den Rucksack auf einem Schwimmring transportieren. Sonnenschutz!

Hinweis: Nur bei sommerlichen Temperaturen und bei stabilem, trockenem Wetter begehen. Bei Gewitter kann die Wanderung gefährlich werden.

Einkehr: Wenige Kilometer Richtung Solenzara ist links sehr schön oberhalb der Solenzara gelegen eine Snackbar/Crêperie mit leckeren Crêpes und korsischen Tagesgerichten. Ansonsten kann man in der Pizzeria am Campingplatz »U Rosmarinu« oder in Solenzara einkehren.

Unterkunft: Campingplatz »U Rosumarinu« (siehe S. 145). In Solenzara Unterkünfte und Campingplätze.

Auch am Anfang der Tour gibt es kleine Wasserfälle, sie können aber noch gut umgangen werden.

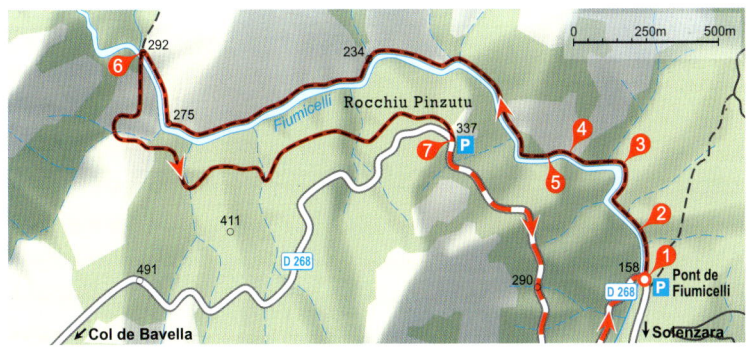

Mit der Zeit werden die Becken immer tiefer und man muss ständig neu überlegen, ob man klettert oder schwimmt.

Direkt unter der Autobrücke **Pont de Fiumicelli** (1) geht es hinein in die kühlen Fluten. Im Frühjahr ist der Fluss noch recht kalt. Aber es ist erstaunlich, wie schnell man sich an die unwirtlichen Wassertemperaturen gewöhnt! Im Hochsommer ist eine Begehung des Fiumicelli bei heißen Außentemperaturen ein wahrer Genuss. Flussaufwärts geht es ein ganzes Stück durch knietiefes Wasser. Neben dem Fluss sind die Ausweichstellen noch bequem zu

erkraxeln. Doch dieser Luxus währt nicht lange. Schon bald werden die Becken tiefer und die felsigen Seitenwände höher und steiler. Da gilt es dann schon abzuwägen, ob man seitlich vom Fiumicelli kletternd seinen Weg sucht oder sich schwimmend in die immer tiefer werdenden Becken wagt. Aber gerade das macht diese Flusswanderung so besonders und abenteuerlich! Und von allen Fragestellungen der Durchquerung abgesehen bieten

Da hilft alles nichts – jetzt kann nur noch geklettert werden.

sich unterwegs herrliche Badestellen, teilweise mit kleinen Sandbuchten am Rand. Die erste dieser paradiesischen **Gumpen** (2) ist schon nach 250 Metern erreicht. So haben auch kleinere Kinder ihren Spaß, denn nach der kurzen Strecke durch den Fluss und einem anschließenden intensiven Bade-Erlebnis haben auch sie den Fiumicelli »geschafft«! Weiter geht's, und vermehrt treten uns jetzt große Steinblöcke im Flussbett und kleine Kaskaden in den Weg. Wir erreichen nach einem weiteren halben Kilometer wieder eine außergewöhnliche **Badestelle** (3), diesmal mit einem herausfordernden Sprungfelsen. Hier können nun auch Familien mit mittelgroßen Kindern rasten, plantschen und anschließend kehrtmachen. Denn nun

wird der Weg richtig anspruchsvoll. Der Fluss wird breiter und flacher, gleichzeitig die Felswände rechts und links steiler. Eine auffallende **Felsnase** (4) rückt ins Blickfeld. Wer sie sieht, weiß sofort, warum dieses Felsgebilde mit der Hakennase einer Hexe so heißt. Bis hierher sind wir etwa einen Kilometer durch den Fluss gewandert, geklettert und geschwommen. Nachdem wir den leicht gruseligen »Zinken« passiert haben, macht der Fluss eine Linksbiegung. Als nächstes macht der Fluss einen Linksknick. Direkt danach folgt die erste von mehreren Kaskaden, die auch die schwierigste ist. Schafft man diese, sollte man unbedingt weitergehen! Man bewältigt sie, indem man halb links an ihr hochkraxelt. Kleinere Kinder, die bis hierher durchgehalten haben, brauchen dafür Hilfestellung, überdies können die Felsen im Wasserfall rutschig sein. Nun folgt ein Rechtsknick des Flusses. Die Kaskaden, die danach kommen, sind bei Weitem nicht mehr so schwierig wie die ers-

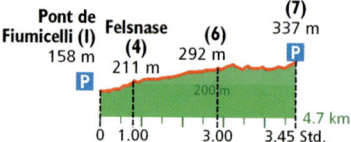

te. Eine besonders tiefe **Gumpe** (5) kann man auf der rechten Seite umklettern. Nach etwa 30 Metern ist das Schwierigste geschafft.

Der Weg führt uns nun wieder durch ruhigere Gewässer. Es folgen weitere tiefe und sehr schöne Badebecken. Wer sehr ausdauernd ist, stößt etwa drei Kilometer nach der Pont de Fiumicelli auf einen querenden Wanderweg (6). Diesem folgt man nach links etwa zwei Kilometer durch den Wald, bis man auf die Fahrstraße stößt. Hier gibt es einen **Parkplatz** (7), an dem die Familie warten kann, während ein Elternteil das Auto holt. Inklusive der Flusswanderung ist man bis zu dieser Stelle etwa drei Stunden und 45 Minuten unterwegs. Oder alle Mann legen die restlichen zwei Kilometer gemeinsam auf der Fahrstraße zum Parkplatz an der Brücke zurück. Auf diese Weise können wir das Maximale aus der Flusswanderung herausholen, ohne dieselbe, kräftezehrende

Die markante »Felsnase«.

Strecke durch den Fluss wieder zurückgehen zu müssen. Wem aber das Stück ab der Felsnase zu anstrengend ist, kehrt rechtzeitig um und hat den Fiumicelli dennoch intensiv erlebt.

Nach der Felsnase wird es dann so richtig anspruchsvoll.

30 ▶ Kletteräffchen ahoi!

Drei Kletterparks im südlichen Korsika

a) Parcours Aventure A Tyroliana am Fluss Cavu   ab 3 J.

KURZINFO

Anfahrt: Von der N 198 in südliche Richtung zweigt in Ste-Lucie-de-Porto-Vecchio rechts die D 168 A Richtung Tagliu Rossu (Taglio Rosso) ab. Dieser folgen bis zur Abzweigung der D 168, dort rechts abbiegen und den Fluss überqueren. Der Park ist ab hier gut ausgeschildert und befindet sich am Beginn des Cavutals.
Anforderungen: Schwindelfreiheit und etwas Kondition.
Altersgruppe: Ab 3 Jahren.
Ausrüstung: Festes Schuhwerk. Die Kletterausrüstung wird gestellt.
Öffnungszeiten: Mitte Mai bis Mitte Oktober 9–17 Uhr.

Eintrittspreise: Erwachsene zwischen 10 und 22 €, Kinder zwischen 8 und 20 €. Baby-Park (zwei Parcours) für Kinder ab drei Jahren zwischen 6 und 8 €.
Besuchsdauer: Ca. 2 Std.
Einkehr: Snackbar und Getränkestand auf dem Gelände des Kletterparks.
Unterkunft: Gleich fünf Campingplätze gibt es rund um Ste-Lucie-de-Porto-Vecchio. Eine Empfehlung ist der drei-Sterne-Platz »Le California« (20144 Ste-Lucie-de-Porto-Vecchio, Tel. +33/(0)4 95 71 49 24, www.camping-california). net. Der naturbelassene Platz südlich von Pinarellu direkt an der Küste gelegen bietet einen Kinder-Spielplatz, eine Bar, eine Pizzeria, Volleyball-Feld und Tennisplatz, komfortable Sanitäranlagen und einen Lebensmittelladen.

Schon die Beschilderung »Baby Parc« zeigt, dass hier auch kleine Kinder Spaß haben können und nicht überfordert sind. Das soll aber nicht bedeuten, dass die Kraxelei nur etwas für Babys ist. Es heißt lediglich, dass wir es hier im Parcours Aventure A Tyroliana mit kindge- rechten Varianten des Kletterns zu tun haben und nicht mit Klettersteigen, die Hunderte von Metern in die Höhe führen und jeden Erwachsenen bis an seine Grenzen fordern. Inmitten von mediterranen Kiefern bietet der Park vier Parcours in verschiedenen Schwierigkeitsstufen an.

BADETIPP

Der Fluss Cavu ist ein Geheimtipp mit vielen tollen Stellen zum Fluss-Baden. Man kann vom Park flussaufwärts am Cavu entlanglaufen und sich die schönsten Fleckchen heraussuchen. Ein Stück weit am linken Flussufer kommt man auch noch mit dem Auto voran, aber das Sträßchen geht in eine Piste über, für die ein geländegängiges Fahrzeug vorteilhaft wäre. Man hat die Auswahl zwischen tiefen Badegumpen und flacheren Plantschstellen. Mit etwas Glück findet man eine Stelle mit natürlichen Rutschen, über die es sich ins Wasser sausen lässt! Wer die Ferien bei Porto-Vecchio verbringt, sollte sich dieses Vergnügen auf keinen Fall entgehen lassen!

Idyllisch am Rande des Flusses Cavu liegt der Parcours Aventure.

Tarzansprünge, Seilrutschen und Wippen sind mit dabei. Die weiß gekennzeichneten Klettermöglichkeiten sind diejenigen für die jüngeren Kinder, grün gekennzeichnet sind die Steige, die einfach, aber auch noch für ältere Kinder geeignet sind. Gelb schließlich sind die mittelschweren und blau die ganz schwierigen Parcours im Park.

b) Parc Aventure XTREM Sud im Forêt de l'Ospedale   ab 3 J.

KURZINFO

Anfahrt: Bei Porto-Vecchio zweigt von der N 198 die D 368 in nordwestliche Richtung ins Alta-Rocca-Gebirge ab. Der kurvenreichen Passstraße ca. 18 km folgen. Der Kletterpark befindet sich hinter dem Ort Ospedale auf der rechten Seite gegenüber dem Stausee (Fahnen säumen gut sichtbar den äußeren Rand des Parks).
Anforderungen: Für die schwierigeren Parcours absolute Schwindelfreiheit und etwas Kondition.
Altersgruppe: Ab 3 Jahren.
Ausrüstung: Festes Schuhwerk. Die Kletterausrüstung wird gestellt.
Öffnungszeiten: 1. Mai bis 15. Sept., von Sept. bis Mai nach Vereinbarung.

Auch in der Hochsaison sollte man sich anmelden unter Tel. +33/(0)4 95 70 01 20 oder +33/(0)6 18 97 03 46.
Eintrittspreise: Kinder von 3 bis 12 Jahre 12 €, Jugendliche bis 18 Jahre 18 €, Erwachsene 22 €.
Besuchsdauer: Ca. 2 bis 4 Std.
Einkehr: Im nahe gelegenen, kleinen Ort Ospedale oder im knapp 20 km entfernten größeren Ort Zonza.
Unterkunft: Wunderschön im Kiefernwald etwa 20 km entfernt befindet sich der Campingplatz »La Riviere« an einem nur für Campinggäste zugänglichen Flussufer (20124 Zonza, Tel. +33/(0)4 95 70 03 67, http://camping-lariviere-zonza.chez-alice.fr). Der familiär geführte Platz liegt zwischen Zonza und Quenza und ist von April bis Oktober geöffnet.

Der nahe Stausee ist ein eigenes Ziel im Alta Rocca.

Im Alta Rocca idyllisch auf 1000 Meter Höhe am Stausee von Ospedale gelegen versteckt sich im Kiefernwald ein ganz besonderer Kletterpark. Man schwingt sich an Seilen, mit Seilrutschen, Tarzan-Lianen und auf wackligen Steigen von Baum zu Baum. 100 Stationen warten auf Besucher, sie richten sich an Kletterfans aller Altersklassen.

Für Kinder ab drei Jahren gibt es hier einen separaten »Baby Parc«. Auf speziell für Einsteiger konzipierten Parcours können sich gerade die Kids gut mit der Technik vertraut machen. Zuvor gibt es natürlich eine Einführung in die Handhabung der Ausrüstung durch die Kletterlehrer. Je nachdem, wie hoch man sich hinauftraut, hat man wunderbare Ausblicke auf die herrliche Umgebung. Von einem entsprechend hohen Kletterparcours aus reicht der Blick bei guter Sicht bis nach Sardinien, auf jeden Fall aber auf das Meer und den gegenüber gelegenen Stausee.

WANDERTIPP

Der Kletterpark Aventure XTREM Sud liegt inmitten des Forêt de l'Ospedale. Felsblöcke und Schwarzkiefern kennzeichnen den märchenhaften Wald. In dieser herrlichen Landschaft lässt es sich vortrefflich wandern. Die Punta di a Vacca Morta ist ein schön anzusteuerndes Ziel, wenn man nach dem Kletter-Erlebnis noch bei Kräften ist. Startpunkt ist der Col de Mela, zu dem eine schmale Straße westlich des Stausees hinaufführt. Gemütlich erreicht man den 1314 Meter hoch gelegenen Berggipfel über mehrere Wegvarianten, die alle mit Steinmännchen markiert sind. Bei guten Wetterverhältnissen erhascht man oben einen beeindruckenden Rundumblick von der Ost- bis zur Westküste. Hin und zurück muss man mit 3.30 Stunden Gehzeit rechnen.

c) Parcours Aventure de la Solenzara   **ab 3 J.**

Anfahrt: Von Solenzara aus fährt man auf der D 268 Richtung Bavella-Pass. Nach etwa 8 km ist kurz nach dem Campingplatz »U Rosumarinu« rechter Hand der Parcours Aventure erreicht (am Holzhäuschen und großen Werbebannern erkennbar).

Anforderungen: Für die schwierigeren Parcours absolute Schwindelfreiheit und etwas Kondition.

Altersgruppe: Ab 3 Jahren.

Ausrüstung: Festes Schuhwerk. Die Kletterausrüstung wird gestellt.

Öffnungszeiten: Anfang Juli bis Mitte September täglich 9–20 Uhr. Sonst auf Anfrage. Eine Reservierung ist vorteilhaft (vor Ort oder Tel. +33/(0)6 29 19 19 04).

Eintrittspreise: Erwachsene 17 €, Kinder 14 €, Baby-Parcours 6 €.

Besuchsdauer: Ca. 2 bis 4 Std.

Wissenswertes: Kinder und Jugendliche unter 16 Jahren müssen von einem Erwachsenen begleitet werden.

Einkehr: In der Pizzeria des nahen Campingplatzes und in der in Richtung Bavella-Pass gelegenen Crêperie (siehe S. 138). An der Küste in Solenzara Bars und Restaurants, auch direkt am Strand.

Unterkunft: Der direkt am Fluss Solenzara gelegene **Campingplatz »U Rosumarinu«** gilt als einer der schönsten Korsikas (20145 Solenzara, Tel. +33/(0)4 95 57 47 66, www.urosumarinu.fr). Eingebettet zwischen Eukalyptusbäumen, Korkeichen und Schwarzkiefern bietet er genug Schatten auch an heißen Sommertagen. Man kann in der Pizzeria einkehren und hat außerdem die Möglichkeit, Brot zu bestellen.

Zwischen dem Meer und den Bergen, am Fluss Solenzara gelegen, findet sich gleich am Anfang des Bavella-Tals dieser wunderschöne Kletterpark. Er ist in einen Parcours Aventure und eine Via Ferrata (ab zwölf Jahren) aufgeteilt, wobei sich vor allem der Parcours Aventure als Ziel für Familien mit Kindern eignet. Für die Jüngsten gibt es einen »Baby Parc« mit einem Parcours, auf dem man sich einen Meter über dem Boden bewegt und der nur in Begleitung eines Erwachsenen absolviert werden darf. Für alle kleinen und großen Menschen ab einer Größe von 1,40 Meter ist das Klettervergnügen unbegrenzt. Dann sind es drei Parcours, die in Angriff genommen werden können. Eine Messlatte sorgt dafür, dass niemand schummelt. Die einzelnen Stationen der Parcours erstrecken sich kreuz und quer über die Solenzara. Es geht auch auf Felsen hinauf und ein bisschen in die Bergwelt hinein – aber immer so, dass es für Kinder machbar bleibt. Zum größten Spaß der Kletterfreunde stehen Wippen, Schaukeln, Leitern, Wipfel-Surfbretter, schmale Laufstege und Balancierstrecken zur Verfügung.

Abenteuerlich spannen sich die Stationen über den Fluss Solenzara.

Die Ostküste und das Inselinnere

Schroffe Felsenlandschaft prägt die Westküste Korsikas, eine schon karibisch anmutende Strandlandschaft charakterisiert den Süden Korsikas – schwer vorstellbar, dass sich gegen so viel Naturgewalt und Schönheit der Osten durchsetzen kann. Kann er aber. Das Flachland der Ostküste hat den Vorteil, an den Küsten wunderschöne Badebuchten an vielen Kilometern Strandlänge präsentieren zu können. Hier ist das Badevergnügen angesiedelt, entsprechend gibt es an der Ostküste Feriendörfer und Wassersportangebote. Da die meisten Sandstrände flach ins Wasser gehen und das Wasser deutlich weniger Seegang hat als zum Beispiel an der Westküste, eignet sich

die Ostküste besonders für Badeferien mit kleineren Kindern.

Der Fokus des Strandlebens liegt auf dem Abschnitt zwischen der Costa Verde (um Moriani Plage) und der Costa Serena bis nach Ghisonaccia. Das in diesem Bereich an die Küste angrenzende Land ist absolut flach, weswegen es auch Plaine Orientale genannt wird. Für die Wirtschaft Korsikas ist diese Region von großer Bedeutung. Neben Weinanbaugebieten um Aléria befinden sich in der Ebene des Flusses Fium Orbo bei Ghisonaccia die größten landwirtschaftlichen Betriebe der Insel.

Im Hinterland der nördlichen Ostküste erstreckt sich die Castagniccia, die als Hügellandschaft einen Kontrast zur Ebene an der Küste bildet. Sie ist nach ihrem Namensgeber, der Edelkastanie, benannt. Der Kulturbaum hat eine lange Tradition auf Korsika und sein heutiges Vorkommen war eigentlich erzwungen: Im 13. Jahrhundert forderten die Genuesen, dass jeder korsische Grundbesitzer vier Bäume pflanzen müsse. Von allen Bäumen, die zur Debatte standen, gedieh die Edelkastanie in Höhenlagen zwischen 400 und 800 Metern besonders gut – so bedeckte diese Baumart bald flächendeckend die Region. Nebenbei lieferte sie eine wertvolle Frucht, denn aus den Kastanien wurde Mehl gewonnen, sie wurden als Viehfutter verwendet und ihr Holz konnte für Möbel benutzt werden. Die Kastanie wurde zum Grundnahrungsmittel der korsischen Bevölkerung. Und natürlich konnten sich die frei leben-

Ein absolutes Muss ist die Wanderung zu den Cascades des Anglais (Tour 37).

Eine Attraktion im Inselinneren: der Schildkrötenpark »A Cupulatta« im Gravona-Tal (Ausflug 39)

den Wildschweine jederzeit ebenfalls an den heruntergefallenen, leckeren Früchten gütlich tun …

An der ansonsten ebenen Ostküste muss man auf Gebirge aber dennoch nicht gänzlich verzichten. Das nahe Bavella-Massiv, das sich im Süden der Ostküste gleich hinter dem Meer erhebt, ist auch von hier aus gut erreichbar.

Auch im Inselinneren, genauer gesagt rund um die »heimliche« Insel-Hauptstadt Corte im Zentralgebirge Korsikas, dreht sich viel um den Tourismus. Das liegt an den vielen, von hier aus erreichbaren Attraktionen. Beispielsweise warten die gewaltigen Naturwasserfälle »Cascades des Anglais« oder der große Schildkrötenpark »A Cupulatta« auf ihre Entdeckung. Corte selbst bietet mit sei-

nen beiden Seitentälern Tavignano und Restonica schon einiges an attraktiven Zielen, und die Altstadt mit den engen, steilen Gässchen und der hoch oben thronenden Zitadelle ist alleine einen Besuch wert. Corte und das Inselinnere kann man von allen Himmelsrichtungen aus gut erreichen und die Anfahrt durch Schluchten und Berge »in die Mitte« ist immer eine Abenteuer-Reise. Vor allem an Bord der legendären korsischen Eisenbahn (siehe S. 159)!

Strand an der Costa Serena bei Ghisonaccia.

Die Strände an der Ostküste

Oben im Norden starten die Strände an der Costa Verde in der Region Castagniccia und reihen sich fast nahtlos aneinander bis zur Costa Serena, die sich von der Mündung des Flusses Alesani bis nach Solenzara erstreckt. Die Strände werden im Folgenden nicht einzeln aufgeführt, da zwischen Moriani-Plage im Norden und Solenzara im Süden der Ostküste der Strand quasi durchgehend verläuft. Es gibt kaum Unterbrechungen der Sandstrandidylle, weswegen zur Orientierung nur die entsprechenden Küstenabschnitte benannt werden.

Costa Verde

Die Costa Verde, übersetzt »grüne Küste«, beginnt auf Höhe der Ortschaft Taglio-Isolaccio im Norden und endet in südlicher Richtung an der Mündung des Flusses Alistro. An diesem 17 Kilometer langen Küstenstreifen finden sich die weiten Sandstrände mit Feriendörfern und Campingplätzen. Beliebtes Ferienziel ist der Badeort Moriani-Plage 40 Kilometer südlich von Bastia. Moriani-Plage ist zugleich Hauptort der Costa Verde und Namensgeber des ansehnlichen Strandes. Der feine Sandstrand fällt sanft ins Wasser ab und ist gut für Kinder geeignet. Aufgrund seiner unendlich scheinenden Länge hat sich der Strand seine Ursprünglichkeit bewahrt – vor allem nahe der Flussmündung zwischen Moriani-Plage und Santa-Lucia-de-Moriani.
Richtung Süden folgen nahtlos viele Kilometer Sandstrand, bis man sich unvermittelt an der Costa Serena wiederfindet.
Anfahrt: Der Ferienort Moriani-Plage und der nachfolgende Küstenabschnitt Richtung Süden liegen an der Verbindungsstraße N 198 zwischen Bastia und Porto-Vecchio.

Costa Serena

Ähnlich der nördlich gelegenen Costa Verde prägen auch an der Costa Serena feine, helle Sandstrände das Bild und machen die Region Plaine Orientale zu einem beliebten Feriengebiet. Die von Pinienhainen gesäumten, langen Strandabschnitte werden bereichert von den Lagunen bei Aléria, was dem Badevergnügen eine schöne Abwechslung bietet.

Strandgut sammeln an einem der herrlichen Ostküsten-Strände.

Nicht immer so einsam, aber immer so feinsandig präsentiert sich das Bild der Strände.

Die Römerstadt Aléria verfügt außerdem über einen schönen Hausstrand, den Plage de Padulone. Seine Lage an der Flussmündung des Tavignano ist herrlich, und im Sommer stellt der Strand ein schönes Ausflugsziel dar. Für Kinder ist er ideal wegen des sanften Zugangs zum Wasser und der unbegrenzten Möglichkeiten zum »Sandeln«.

Herausragendes Feriendorf an der Costa Serena ist Ghisonaccia. Der gepflegte Hausstrand des Küstenstädtchens heißt Plage Quercioni und zieht mit seinem feinen, gelblichen Sand und seiner beeindruckenden Länge vor allem Familien mit kleineren Kindern an.

Ebenfalls an der Costa Serena liegen, übergangslos an den Strand von Ghisonaccia anschließend, die langen, hellen Sandstrände von Solenzara. Besonders der Hausstrand des Ortes, der an der Mündung des Flusses Solenzara nördlich des Ortes liegt, ist eine Attraktion: Der helle, lange und breite Sandstreifen mit feinem Sand und der idyllischen Flussmündung bietet nicht nur ungetrübten Badespaß für Kinder, sondern ist einer der malerischsten Strände an dieser Küste.

Anfahrt: Von Bastia bis Ghisonnacia sind es 86 km, bis zum Badeort Solenzara weitere 18 km. Beide Ferienorte liegen an der Verbindungsstrecke N 198 Bastia – Porto-Vecchio.

Von Solenzara aus Richtung Süden wird die Küste abwechslungsreicher. Die Sandstrandlandschaft wird nun unterbrochen von Felsküsten mit versteckten Badebuchten (zum Beispiel nördlich von Tarco). Dazwischen finden sich aber weiterhin sandige Buchten, wie die beiden Strände Anse de Canella und Anse de Favone, beide »überschaubar« im Vergleich zu den endlosen Stränden im nördlicheren Teil der Ostküste. Aber auch sie bieten wunderschönes Badevergnügen, bevor die Küste schließlich den Süden der Insel erreicht.

31 ▶ Die spinnen, die Römer!

Die antike Stadt Aléria an der Ostküste ab 4 J.

Wenn es um die römische Vergangenheit der Insel Korsika geht, taucht als erstes der Name des Ortes Aléria auf. Das liegt nicht nur daran, dass der Küstenort in der Geschichte »Asterix auf Korsika« vom Zeichner besonders gekennzeichnet wurde. Aléria war ein wichtiger Stützpunkt der Römer auf der Insel. Überreste und Funde rund um die antike Stadt können in einem Museum und auf dem Ausgrabungsgelände besichtigt werden und machen einen Besuch im heutigen Aléria lohnenswert (siehe auch S. 25).

KURZINFO

Anfahrt: Aléria liegt an der Verbindungsstraße N 198 zwischen Porto-Vecchio im Süden und Bastia im Norden genau in der Mitte der Ostküste.

Anforderungen: Ein Teil der Stadt befindet sich auf einem Plateau, steile Pfade führen hinauf.

Altersgruppe: Ab 4 Jahren.

Besuchsdauer: 1 Tag.

Informationen: Office de tourisme, an der N 198, Tel. +33/(0)4 95 57 01 51, www.corsica-costaserena.com. Öffnungszeiten: im Sommer täglich 9–19 Uhr, sonst Montag bis Freitag 9–12 und 15–18 Uhr.

Ausrüstung: Bequeme Schuhe, Sonnenschutz, Badesachen.

Einkehr: Restaurants, Cafés und Bars befinden sich im modernen Ortsteil Caterragio.

Unterkunft: Am Plage de Padulone liegt der »Camping Marina d'Aléria« (20270 Aléria, Tel. +33/(0)4 95 57 01 42, www.marina-aleria.com). Unter Pinien und Eukalyptusbäumen befinden sich sehr schöne, schattige Zeltplätze, aber auch Bungalows direkt am Meer können angemietet werden. Es stehen ein kleiner Laden und eine Pizzeria sowie eine Bar zur Verfügung.

15 km südlich von Aléria befindet sich in Ghisonaccia der »Camping Arinella Bianca«, der als schönster Campingplatz an der Ostküste gilt (20240 Ghisonaccia, Tel. +33/(0)4 95 56 04 78, www.camping-corse.fr). Die große, schattige 4-Sterne-Anlage ist hervorragend ausgestattet und bietet Kindern und Jugendlichen ein umfangreiches Animationsprogramm. Dafür liegen die Preise etwas höher als auf anderen Plätzen der Insel.

Aléria besteht aus zwei Teilen: dem modernen Ort, der sich aus den Ortsteilen Aléria südlich des Tavignano und Caterragio nördlich des Flusses zusammensetzt, und dem **antiken Dorf**, das auf einer Hochebene ebenfalls südlich des Tavignano liegt. Hier thront auf einem Hügel auch die Genuesenfestung Fort de Matra, die im **Musée d'Archéologie Jérôme-Carcopino** eine Sammlung aus den Funden der Ausgrabungen

Das Fort de Matra.

beherbergt. Vor allem Grabfunde aus der vorrömischen und römischen Zeit sind zu sehen. Neben Objekten des täglichen Lebens wie Amphoren, Teller, Schmuck, Werkzeugen und Lampen sind Vasen, Kelche und andere Grabbeigaben ausgestellt. Teilweise sind die Gegenstände so gut erhalten, dass man die Darstellungen darauf noch erkennen kann. Den Exponaten sind Grafiken und Lagepläne der Fundstätten beigefügt. So kann man gut nachvollziehen, wie die Skelette in den Gräbern gelegen haben und welche Grabbeilagen bei ihnen gefunden wurden. Sehr eindrucksvoll und schon ein wenig gruselig ist das »Grab des Gefangenen«: Noch immer schließen sich Eisenfesseln über die knöchernen Fußgelenke des ehemaligen Gefangenen – als ob er noch fliehen könnte …

Im **Ausgrabungsgelände** direkt bei der Festung ist die ehemals römische Stadt mit den Grundmauern beispielsweise des Forums, des Tempels, der Stadtmauer und des Badehauses erhalten. Mit etwas Vorstellungskraft ist der Gang durch die Ruinen ein spannendes Erlebnis. Seit den 1960er-Jahren wird hier ausgegraben, die Arbeiten sind noch nicht abgeschlossen.

Wer noch ein wenig mehr römische Luft schnuppern möchte, sollte das »Festa antica« Anfang August besuchen. »Römer« in Kostümen präsentieren und verkaufen typisches Kunsthandwerk, Musikanten treten auf, und es gibt Wettspiele und Wein aus der Region.

Nach so viel Geschichte ist ein Sprung ins kühle Nass angebracht. Hierfür bietet Aléria zwei Möglichkeiten: Der kilometerlange Sandstrand **Plage de Padulone** mit Restaurant und Strandcafé lädt zum

Am Etang d'Urbino.

Bad im Mittelmeer ein. Er erstreckt sich zwischen der Mündung des Tavignano und dem Turm am **Etang du Diana**. Der Etang ist die zweite Bademöglichkeit vor Ort, wenn es mal etwas anderes sein soll als Flüsse und Meer. Die Lagune birgt auch ein Stück Antike in sich, denn die Austernzucht, für die sie hauptsächlich genutzt wird, haben schon die Römer betrieben. Inmitten des Etangs schwimmt eine »Insel«, bestehend aus Austernschalen mehrerer Jahrhunderte. Eine weitere große Lagune südlich von Aléria ist der **Etang d'Urbino**, den man beispielsweise per Motorboot erkunden kann (Verleih neben dem schwimmenden Restaurant).

MUSÉE D'ARCHÉOLOGIE

Öffnungszeiten: Von Mitte Mai bis Ende Sept. täglich 9–12 und 13–18 Uhr, von Anfang Okt. bis Mitte Mai täglich 8–12 und 13–17 Uhr (Einlass bis jeweils eine halbe Stunde vor Schließung des Museums).

Eintritt: 2 € für Erwachsene und Kinder. Im Eintritt inbegriffen ist der Besuch des Ausgrabungsgeländes direkt bei der Festung.

32 ▶ Unter der kalten Dusche

Plantschen in der Gumpe Bucatoggio ab 3 J.

Badegumpen gibt es auf Korsika wie den sprichwörtlichen Sand am Meer. Aber auch wenn es doppelt so viele von ihnen gäbe, wären trotzdem die wenigsten so einsam und beschaulich wie die Gumpe von Bucatoggio. Abseits der touristischen Ameisenstraßen gelegen ist sie vor allem deshalb etwas ganz Besonderes, weil man unter einem tosend herabstürzenden Wasserfall baden kann. Ganz Wagemutige können auch seitlich am Wasserfall hinaufklettern und einen Sprung in das tiefe Wasserbecken wagen. Und die Kleineren finden in den flacheren, vorgelagerten Gumpen ihren Spaß. Idyllisch ist es hier allemal, sodass die ganze Familie den Ausflug genießen wird.

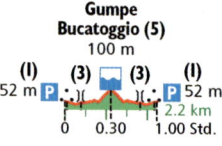

Tosend stürzt der eiskalte Wasserfall an der Badegumpe in die Tiefe.

Ausgangspunkt: Parkplatz an der »Site Archéologique«.

Anfahrt: Von der N 198 Richtung Süden biegt man 1,3 km nach der Ortschaft Moriani auf die D 334 Richtung Santa-Maria-Poggio ab. Nach etwa 2 km folgt man dem Hinweisschild »Site Archéologique« nach rechts. Man passiert vereinzelte Häuser der Ansiedlung Pianelli und erreicht nach ca. 1 km links eine Fläche zum Parken (braunes Schild »Sentier de l'Uccelluline«).

Anforderungen: Einfache und kurze Wanderung mit anspruchsvollem Badeziel. Der Weg ist orange markiert.

Altersgruppe: Ab 3 Jahren.

Weglänge: 2,2 km.

Gehzeit: 1 Std.

Höhenunterschied: 80 m im An- und Abstieg.

Ausrüstung: Trekkingsandalen, Badesachen, Sonnenschutz.

Einkehr: Strandbars und Restaurants im Küstenort Moriani-Plage an der N 198.

Unterkunft: Bei der Abzweigung der D 334 von der N 198 befindet sich der Campingplatz »Kalypso« direkt an einem Sandstrand (20221 Santa Maria Poggio,

Es geht querfeldein und über Stock und Stein.

Tel. +33/(0)4 95 38 56 74, www.corse-camping.com). Ein Spielplatz und eine Snackbar sind vorhanden. Mobilehomes und Caravans können gemietet werden.

Vom **Parkplatz** (1) aus wenden wir uns Richtung Norden und kommen nach wenigen Metern an der **»Site Archéologique«** (2) vorbei. Das allerdings klingt spannender als es ist. Bei der Ausgrabungsstätte aus pisanischer Zeit handelt es sich lediglich um zugewucherte Mauerreste. Es erschließt sich dem Besucher nicht, was hier wohl einmal ausgegraben wurde. Ein bisschen herumklettern und -stöbern können die Kinder aber schon, vielleicht entdeckt der eine oder andere Hobby-Archäologe ja übersehene Schätze der Frühzeit? Noch geht es auf schattenlosem Weg weiter, bis wir nach einer Linkskurve eine wunderschöne **Genuesenbrücke** (3) erreichen. Unter der

Brücke ist ein kleiner Sandstrand, hier könnte man schon den ersten Badestopp einlegen. An der Brücke stoßen wir auch auf ein verwildertes und zerfallenes Hexenhäuschen.

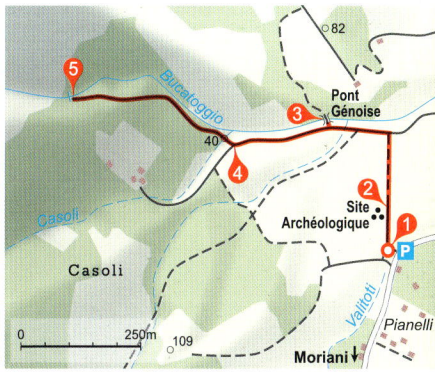

Hinter den Felsen versteckt sich die tiefe Badegumpe!

Auch hier sollte sich die junge Wanderermannschaft einmal ausführlich umschauen, bevor wir den Weg Richtung Wasserfall fortsetzen.

Um zu der Gumpe zu gelangen, wird die Genuesenbrücke nicht überquert. Wir folgen weiter dem breiten, sonnigen Weg, bis wir an eine nicht auf Anhieb erkennbare **Abzweigung** (4) gelangen: Ein Telefonmast mit orangefarbener Markierung zeigt uns die Stelle an, an der wir uns rechter Hand ins vermeintliche Dickicht stürzen. Wir überqueren mehrere kleine Bächlein und folgen dem Verlauf des rechts neben uns plätschernden Flusses. Der Weg verläuft nun schön schattig. Die letzten Meter vor den Gumpen geht es über Steinblöcke, die man kletternd überwindet. Danach sind die flachen Badebecken für die jüngeren Mitwanderer erreicht.

Über einige größere Felsblöcke gelangen wir an den Rand der tiefen **Badegumpe Bucatoggio** (5), unserem Ziel. Den tosenden Wasserfall haben wir natürlich längst gehört. Der Sprung ins Wasser erfordert doppelt Mut: Erstens ist das Becken richtig tief und zweitens eisigkalt. Wer aber mal drin ist, wird sich auch nicht scheuen, sich dem Wasserfall zu nähern. Links neben dem Wasserfall hängt hilfreich ein Seil herab. Mit dessen Hilfe kann man auf eine beliebige Höhe seitlich am Wasserfall hinaufklettern, um sich in das zuverlässig tiefe Wasser zu stürzen – ein Vergnügen, das man nicht alle Tage genießen kann! Echte und mutige Sportskanonen können den Felsen mithilfe des Seils bis ganz nach oben bezwingen und so zur oberen Gumpe von Bucatoggio gelangen.

Während wir auf gleichem Weg zurück zum **Parkplatz** wandern, sollten wir die Augen offenhalten nach einem verrosteten Auto-Wrack, das linker Hand über dem Flussufer im Dickicht eingewuchert ist. Wie mag es wohl in diese einsame und vor allem unwegsame Gegend gekommen sein?

Im Himmelreich

33

Zum grünen Paradies des Ninosees (1743 m)   ab 7 J.

Frei lebende Pferde beäugen die Wanderer neugierig, Kühe wälzen sich wohlig im Gras und hier und da kreuzt ein Schaf des Wanderers Weg – all das inmitten einer Bergkulisse, die getrost mit Heidis Schweizer Alm mithalten kann; da fragt man sich zu Recht, ob man wirklich noch auf der Mittelmeerinsel Korsika ist. Heute steht mit dem Lac de Nino ein ganz besonderer See auf dem Programm. Auf fast 1750 Meter Höhe liegt er eingebettet in ein tiefgrünes Hochplateau mit Blick auf den Monte Rotondo und fasziniert Wanderer aller Altersstufen. Um dieses abgeschiedene Paradies auf Erden zu besuchen, müssen wir allerdings ein ganz schönes Stück marschieren, teilweise ist der Weg nicht gerade bequem und richtig anstrengend.

KURZINFO

Ausgangspunkt: Maison Forestière de Poppaghia an der D 84.

Anfahrt: Von der N 193 zweigt bei Francardo die D 84 Richtung Col de Verghio ab. Das Forsthaus Poppaghia liegt etwa 7 km südwestlich von Albertacce und ca. 11 km nordöstlich von Castello di Verghio.

Anforderungen: Lange Wanderung auf felsigen Pfaden mit Kraxeleinlagen und großem Höhenunterschied. Gute Kondition und Trittsicherheit sind Voraussetzung. Die Route ist gelb markiert.

Altersgruppe: Ab 7 Jahren.

Gehzeit: 6 Std. (ohne Seeumrundung 5 Std.).

Weglänge: 8–10 km.

Höhenunterschied: 760 m im An- und Abstieg.

Ausrüstung: Bergschuhe, Jacken, Sonnenschutz.

Schnee noch im Frühsommer ist hier oben keine Seltenheit.

Einkehr: Unterwegs keine. Im 11 km entfernten Castellu di Verghio gibt es direkt an der D 84 ein einsam-beschaulich gelegenes Hotel-Restaurant.

Unterkunft: 300 m vom Ortszentrum von Calacuccia entfernt liegt der sehr naturbelassenen **Campingplatz »Acquaviva«** (20224 Calacuccia, Tel. +33/(0)4 95 47 00 39, www.acquaviva-fr.com). Im Herzen der Bergwelt und mit entsprechend schönem Blick ist der Platz Abenteuer pur, wobei alle Dienstleistungen für den täglichen Bedarf in der Nähe liegen (Supermarkt, Restaurants, Apotheke, Tourist Information).

![Das Hochplateau ist eine Sumpflandschaft mit Hochgebirgskulisse.]()

Das Hochplateau ist eine Sumpflandschaft mit Hochgebirgskulisse.

Vom Parkplatz am **Forsthaus** (1) folgen wir dem gut angelegten, gelb markierten Wanderweg und gehen Richtung Osten an einem Bergrücken entlang. Unser Weg führt durch einen Kiefernwald und schwenkt Richtung Süden in das Tal des Colga-Baches. Diese Himmelsrichtung behalten wir fortan weitgehend bei, während wir das vor uns liegende Tal durchwandern. Links neben uns plätschert munter

der Bach und wir folgen weiter der gelben Markierung. Fürsorgliche Wanderer haben außerdem mit zahlreichen Steinmännchen dafür gesorgt, dass niemand den Weg zum See verfehlt. Etwa zwei Kilometer nach dem Start der Wanderung müssen wir den Bach selbst als Weg benutzen, was besonders die jungen Wanderer erfreuen wird. Wenn das Erlengestrüpp dicht wird, wechseln wir von Stein zu Stein hüpfend

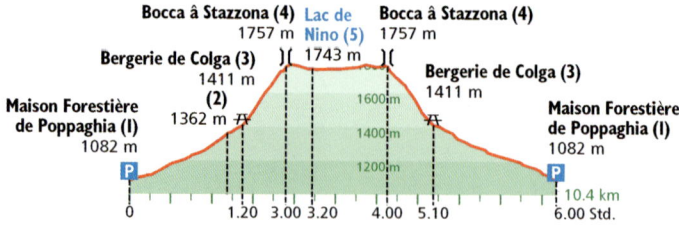

HALLO KINDER,

die Passhöhe »Bocca â Stazzona« sieht aus wie eine überdimensional große Terrasse aus Felsen. Man kann hier wunderbar herumtollen, ohne dass es gefährlich ist. Überall liegen bizarre Gesteinsbrocken. Einer Legende nach handelt es sich um die »versteinerten Ochsen des Teufels«. Man braucht nicht viel Fantasie, um diese Deutung nachvollziehen zu können!

von der rechten auf die linke Bachseite (2). Der Weg steigt weiterhin an, bis der Wald sich lichtet, und als erstes Etappenziel die Bergerie de Colga (3) erreicht wird. Die kleine Alm ist unbewirschaftet, aber ein schöner Platz zum Rasten.

Nach der Bergerie wird es merklich steiler, bislang haben wir auch »erst« etwa 350 Höhenmeter geschafft. Also noch einmal tief durchatmen, jetzt muss jeder zeigen, was er kann. Der Pfad führt am steilen Hang links vom Bach am Ende des Tals bergauf. Bald geht es über Felsplatten und -blöcke. An besonders steilen Passagen müssen wir auf allen Vieren bergauf kraxeln, aber das Ende der Kletteraktion belohnt für die Mühe: Von der Passhöhe Bocca â Stazzona (4) öffnet sich ein herrlicher Blick auf den von Wiesen umrahmten Ninosee, der auf der anderen Seite des Passes zunächst einmal unter uns liegt. Man kann die Wanderung hier beenden, doch wenn alle Mitwanderer noch bei guten Kräften sind, sollte man sich eine Umrundung des Ninosees nicht entgehen lassen (zwei Kilometer zusätzlicher Weg) und sich die an den Ufern frei weidenden Tiere aus der Nähe anschauen. Allerdings klappt der Zugang zum See nicht immer mit trockenen Füßen – die Wiesen rund um den Lac de Nino sind von Bächen durchzogen und verwandeln sich nach Regenfällen in eine Sumpflandschaft. Aus dem 6,5 Hektar großen Lac de Nino (5) entspringt übrigens der Fluss Tavignano (siehe Wanderung 35), der über Corte zur Ostküste fließt. Baden ist im See leider nicht erlaubt.

Nachdem wir die paradiesische Natur hier oben ausgiebig genossen haben, kehren wir über die Passhöhe Bocca â Stazzona (4) auf demselben Weg zurück zum Parkplatz.

34 ▶ Die heimliche Hauptstadt

Corte im Herzen der Insel   ab 6 J.

Dass Corte direkt am Zusammenfluss der beiden Flüsse Restonica und Tavignano liegt, macht die Stadt im Zentrum Korsikas natürlich gleich noch mal so attraktiv. Denn damit sind nicht nur abenteuerliche Bademöglichkeiten, sondern auch schöne Wanderziele in greifbarer Nähe (Touren 35, 36). Kontrastreich ist außerdem das Programm der knapp 7.000-Einwohner-Stadt, die an sich schon einen ordentlichen Gegensatz zu den kleinen Küsten-Dörfchen darstellt. Mitte des 18. Jahrhunderts war Corte sogar einmal die Hauptstadt der Insel. Der Freiheitskämpfer Pascal Paoli kämpfte hier für die Unabhängigkeit Korsikas von Frankreich. Diese Bemühungen sind zwar in der Schlacht von Ponte Novu gescheitert, aber die Stadt Corte ist ein Wahrzeichen für den Unabhängigkeitskampf der Korsen geblieben.

KURZINFO

Anfahrt: Corte liegt zentral im Inneren der Insel auf der Ost-West-Verbindungsstrecke N 193 von Bastia nach Ajaccio. Corte ist 67 km von Bastia und 82 km von Ajaccio entfernt.

Anforderungen: Da Corte mitten in den Bergen liegt, gibt es ein paar Steigungen in der Stadt zu bewältigen.

Altersgruppe: Ab 6 Jahren.

Besuchsdauer: 1 bis 2 Tage.

Informationen: Corte Office de tourisme, La Citadelle, 20250 Corte, Tel. +33/(0)4 95 46 26 70, E-Mail: corte.tourisme@wanadoo.fr., www.corte-tourisme.com. Öffnungszeiten: Mitte April bis Mitte Aug. täglich 9–20 Uhr, im Sept. Montag bis Samstag 9–13 und 14–18 Uhr, in den restlichen Monaten 9–12 und 14–18 Uhr.

Ausrüstung: Bequeme Schuhe, Sonnenschutz.

Einkehr: Viele Restaurants drängen sich um die Place de Paoli im Zentrum der Altstadt. Besonders empfehlenswert ist das Restaurant »U San Téofalu« (Place Paoli 5). Hier wird in der Speisekarte jedes Familienmitglied fündig. Das Essen ist lecker und die Terrasse unter dem weit ausladenden Vordach bietet schattige Plätze.

Unterkunft: In und um Corte stehen mehrere Campingplätze zur Auswahl.

Die schönste Lage hat aber wohl der Campingplatz »Tuani« im Restonica-Tal direkt am Fluss (20250 Corte, Tel. +33/(0)4 95 46 11 65, www.camping.info/frankreich/korsika). Er besticht im Sommer durch seine schattigen Plätze und ist etwa 6 km von Corte entfernt.

Zentraler liegt der sehr schöne **Campingplatz »Alivetu«** in der Nähe des Bahnhofs von Corte, gleich am Anfang des Restonica-Tals (20250 Corte, Tel. +33/(0)4 95 46 11 09, www.camping-alivetu.com). In nächster Nähe befinden sich Läden für den täglichen Bedarf. Weitere, eher einfache Plätze sind der **»Camping U Sognu«** (20250 Corte, Tel. +33/(0)4 95 46 09 07, www.camping.info/frankreich/korsika) am Fuße der Altstadt und **»U Tavignano«** im gleichnamigen Tal.

In Corte kann man aber auch mit einem festen Dach über dem Kopf günstig übernachten. Nahe zu den beiden Tälern Restonica und Tavignano liegt das **Hôtel HR** in der Allee du 9 Septembre (20250 Corte, Tel. +33/(0)4 95 45 11 11, www.hotel-hr.com). Hier gibt es Mehrbettzimmer für Familien, sogar als Mini-Appartments mit zwei separaten Schlafzimmern. Das Haus ist zwar ohne jeden Komfort und etwas in die Jahre gekommen, für die reine Übernachtung aber allemal ausreichend. Das Frühstück ist sehr günstig und empfehlenswert.

Die alten Gemäuer der Zitadelle wirken wie frisch dem Mittelalter entschlüpft.

Wenn wir schon mal Stadtluft schnuppern, dann richtig. Also wenden wir uns zunächst einmal dem kulturellen Angebot von Corte zu. Das besteht hauptsächlich aus dem **Musée de la Corse**, einem Völkerkundemuseum, das sich innerhalb der **Zitadelle** befindet. Die Entwicklung der Insel bis in die Gegenwart wird anschaulich dargestellt, die beschreibenden Texte allerdings sind nur auf Französisch. Aber allein anhand der Exponate ist ein guter Einblick in das Leben der Korsen gewährleistet, der auch für Kinder sehr spannend ist. Die Zitadelle selbst ist eine Festung mit Wällen und militärischen Gebäuden, die zwischen dem 15. und dem 19. Jahrhundert errichtet wurde. Sie thront hoch über der Altstadt und ist über schmale, steile Gässchen und Treppen erreichbar. In der Zitadelle befindet sich auch die Tourist-Information.

Die Zitadelle als zentralen Anlaufpunkt kann man statt zu Fuß auch mit einer lustigen Bahnfahrt erreichen. Der »Petit Train« kutschiert die Fahrgäste in einer halben bis dreiviertel Stunde durch Corte, und es ist wahrlich ein Abenteuer, wie sich das Gefährt durch die engen Gassen schlängelt. Im Ticket für die Bahnfahrt (Erwachsene 5 €, Kinder 2 €, ab dem dritten Kind kostenlos) ist der halbe Eintritt ins Musée de la Corse inbegriffen.

Wer lieber mit der »richtigen« Bahn unterwegs ist, ist hier auch gut bedient. Corte ist sozusagen die zentrale Zwischenstation des Zugverkehrs zwischen Bastia und Ajaccio. Vom mitten in der Neustadt gelege-

MUSÉE DE LA CORSE

Öffnungszeiten: Von Anfang Nov. bis Ende März täglich außer Sonntag, Montag und an Feiertagen 10–17 Uhr, von Anfang April bis Mitte Juni täglich außer Montag 10–18 Uhr, Mitte Juni bis Mitte Sept. täglich 10–20 Uhr und Mitte Sept. bis Ende Okt. täglich außer Montag 10–18 Uhr.

Eintritt: Erwachsene 5.30 €, Kinder bis 10 Jahre frei, Schüler 3 €. Im Eintritt für das Museum ist der Eintritt zur Besichtigung der Zitadelle inbegriffen.

HALLO KINDER,

die alles überragende Zitadelle ist das Wahrzeichen der Stadt Corte. 1419 erbaute der korsische Abenteurer Vincentello d'Istria die militärische Festung, die majestätisch auf einem Felsvorsprung thront. Der älteste heute noch stehende Teil wird »Nid d'aigle« genannt, was übersetzt »Adlerhorst« heißt. Eine sehr passende Bezeichnung für die südliche Spitze des Felssporns! Ursprünglich gab es im Innern der Zitadelle kleine Häuser für die Bewohner, später jedoch dienten die Wohnräume als Gefängnis. Nach dem Zweiten Weltkrieg beherbergte die Zitadelle die Fremdenlegion. Aber nachdem diese 1982 Corte verlassen hatte, ging das Gebäude an die Stadt über.

nen Bahnhof aus fahren morgens und spätnachmittags vier Mal am Tag Züge in beide Richtungen. Von Ponte Leccia aus (nördlich von Corte) schließt sich eine Anschlussstrecke nach Calvi an. Die Anreise nach Corte per Zug ist nicht nur eine angenehme Art des Reisens, sondern auch ein spektakuläres Erlebnis. Hoch über felsigen Klüften und Schluchten windet sich der moderne Zug und eröffnet Perspektiven, die man aus dem Autofenster heraus nie zu sehen bekäme. Wenn man an der Ost- oder Westküste das Quartier hat und einen Tagesausflug nach Corte unternehmen möchte, sollte man dafür unbedingt die Eisenbahn nutzen – es lohnt sich. Eine Fahrt von Bastia über Corte nach Ajaccio kostet 20 Euro. Infos gibt es unter www.train-corse.com.

Für nur einen Tag Aufenthalt muss auf jeden Fall auch der **Aussichtspunkt »Belvedere«** mit in das Besichtigungsprogramm. Dieser befindet sich wie die Zitadelle oberhalb der Altstadt. Eine schmale Gasse und eine steile, felsige Treppe führen hinauf auf den Aussichtsturm, der wie der Burgturm einer Ritterburg in den Hang gebaut ist. Von oben hat man einen Rundumblick über Corte, die Täler Restonica und Tavignano, zu denen sich der Orta als dritter Fluss gesellt, und die dahinterliegende Bergszenerie.

Hat man sich aus der Vogelperspektive erst einmal einen Überblick verschafft, kann man einen Bummel durch die mittelalterlich anmutende **Altstadt** anschließen. Auch hier sind schmale Gässchen und lange Treppenpassagen zu bewältigen. Man kann in kleine Handwerksläden hineinschauen und passiert Konditoreien, Schokoladenmanufakturen und Töpfereien.

Zur Erfrischung nach der Besichtigungstour bietet Corte gleich mehrere Möglichkeiten. Südöstlich der Altstadt am Flussufer des Tavignano

Der Place de Paoli im Herzen der Altstadt von Corte.

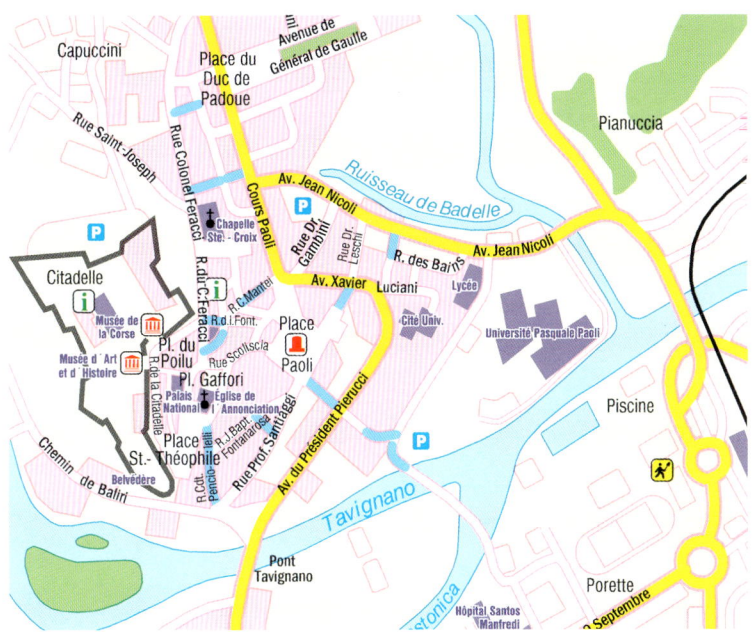

gibt es beim Stadion und den Tennisanlagen ein »richtiges« Schwimmbad. Wilder und abenteuerlicher ist natürlich ein Bad im Fluss. Ein Geheimtipp ist die erste Badestelle im Tavignano-Tal, die vor allem von einheimischen Kindern und Jugendlichen genutzt wird. Das idyllische Plätzchen mit einem richtigen Strandabschnitt und feinem Sand befindet sich gleich bei der Brücke unterhalb der Zitadelle. Das Wasser hier ist ruhig und richtig tief, also auch zum Schwimmen geeignet.

Neben dem Tavignano-Tal (siehe Tour 35) bietet auch das Restonica-Tal sehr schöne Badestellen. Da die enge, kurvige Fahrstraße dort die meiste Zeit am Fluss entlangführt, kann man jederzeit ein Stück entlang dieser märchenhaften Landschaft gehen und zum Fluss hinabsteigen. Im unteren Teil des Tals findet man noch ein recht dichtes Waldgebiet, was besonders an heißen Tagen eine Wohltat ist. Weiter oben begrenzen steil abfallende Felsplatten die Schlucht und sorgen für schöne Badebecken. Nach der Schneeschmelze ist der Fluss Restonica ein reißendes Gewässer, und es ist schon eine kleine Heldentat, dem kalten Wasser zu trotzen und baden zu gehen! Der Fluss führt aber auch im Hochsommer genügend Wasser für eine zu dieser Jahreszeit dann wirklich erwünschte Abkühlung.

Wem bei all dem Sehenswerten, das Corte bietet, die sportliche Betätigung fehlt, kann sich im »Centre équestre L'Albadu« aufs Pferd schwingen. Der Reiterhof liegt eineinhalb Kilometer außerhalb der Stadt und man kann dort sogar übernachten, sowohl im eigenen Zelt als auch in einem der Gästezimmer des Betriebs (Ancienne Route d'Ajaccio RN 193, Tel. +33/(0)4 95 46 24 55, ausführliche Informationen unter www.hebergement-albadu.fr).

35 ▶ Wo Berg und Tal zusammenkommen

Abenteuer im Tavignano-Tal   ab 6 J.

Der Tavignano ist nach dem Golo der zweitgrößte Fluss Korsikas. Er entspringt dem westlich gelegenen Nino-See (Wanderung 33) und mündet bei Aléria (Ausflug 31) an der Ostküste ins Mittelmeer. Das Tavignano-Tal oberhalb von Corte zählt zu den schönsten auf der Insel. Und das Wichtigste: Es ist autofrei und kann nur zu Fuß durchwandert werden. Deshalb sollte man rechtzeitig festlegen, wie weit man die Schlucht erwandern möchte, denn diesen Weg gilt es auch zurückzugehen. Ein sehr schönes Ziel ist die in etwa drei Stunden erreichbare Brücke Passerelle de Rossolino.

K U R Z I N F O

Ausgangspunkt: Parkplatz am Ende des Chemin de Baliri in Corte.

Anfahrt: Vom Stadtzentrum von Corte aus fährt man auf der Hauptstraße (D 39 und D 623) in südliche Richtung und biegt vor der Brücke über den Tavignano rechts in die Straße Chemin de Baliri ab. Vom Parkplatz zum Einstieg in die Wanderung geht es Richtung Fluss, ausgeschildert mit »Vallée du Tavignano«.

Anforderungen: Lange Wanderung, fast ausschließlich der Sonne ausgesetzt; gute Kondition ist nötig. Der Weg ist orange markiert.

Altersgruppe: Ab 6 bis 8 Jahren, je nach Streckenlänge.

Gehzeit: 6 Std.

Weglänge: 12,3 km bis zur Passerelle de Rossolino und zurück.

Höhenunterschied: 420 m im An- und Abstieg.

Ausrüstung: Bergschuhe und Sonnenschutz, viel Trinken.

Einkehr: Im Tal selbst keine Möglichkeiten, in Corte viele schöne Restaurants und Bars im alten Stadtbereich.

Unterkunft: Der Campingplatz »U Sognu« am Fuße der Altstadt und »U Tavignano« im Tal selbst (siehe S. 158).

Blick aus dem Tavignano-Tal zurück nach Corte und zur Zitadelle.

Ein alter Hirtenweg führt über der Schlucht im Tavignano-Tal entlang.

Der Wanderpfad in das Tavignano-Tal hinein startet unterhalb der Zitadelle in einer **Kurve** (1), ab hier dürfen keine Autos mehr fahren. Das Schild mit der Aufschrift »Refuge de la Sega« weist uns die Richtung. Gleich zu Anfang geht es über Felsplatten steil nach oben. Danach verläuft der Weg nur mäßig ansteigend, aber in der prallen Sonne. Während man den Fluss stets an seiner linken Seite hat, ragen rechts und links über 1000 Meter hohe Berge empor und umrahmen die Schlucht mit Felsen, sodass der alte Hirtenweg durch diese faszinierende Landschaft ein kleines Abenteuer für sich ist.

Die mächtigen Berge sind immer wieder von kleinen Seitentälern durchschnitten, die von Norden her die Schlucht queren. Kurz nachdem wir das erste Tälchen erreicht haben, bietet sich uns eine sehr schöne Rastmöglichkeit: Direkt am Antia-Bach, der ebenfalls aus einem kleinen Seitental heraus auftaucht, gibt es eine **Steinhütte** (2). Schon kurz vor dieser Rastmöglichkeit und auch danach spenden kleinere waldartige Abschnitte ein wenig Schatten. Die Steinhütte nach

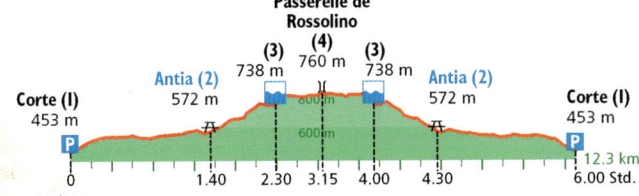

163

3,5 Kilometer Wegstrecke ist ein guter Umkehrpunkt, wenn man mit kleineren Kindern unterwegs ist. Alle, die weiter wandern wollen, können hier Kräfte sammeln, denn der Weg wird nun anstrengender. Es geht etwa einen Kilometer lang teilweise steil bergauf und wir erreichen auf einem **Felsplateau** hoch über dem Fluss den höchsten Punkt der Wanderung. Gleich nach der Hochfläche geht es einige Höhen-

meter bergab in Richtung Fluss, der an dieser Stelle breit ist und langsam fließt – mit herrlichen Gumpen und Stufen, an denen man schön ins Wasser springen kann. Doch noch kann man von dieser Verheißung nichts sehen. Der Weg knickt erst scharf nach rechts ab, dann sind es noch etwa 300 Meter und endlich sieht man wieder den Fluss an der linken Seite liegen. Allerdings führt der normale Weg nicht direkt zum Ufer des Flusses hinunter. Um in den Badegenuss und zu einer **Gumpe** zu kommen, folgt man hier (3) einem der vom Wanderweg abzweigenden Trampelpfade oder dem ausgetrockneten Bett eines Seitenbachs zum Tavignano hin. Diese wunderbaren Badestellen sind nach etwa fünf Kilometern erreicht, bis zum Wendepunkt der Tour ist es noch ein weiterer Kilometer. Auf dem nun eben verlaufenden Wanderweg nähern wir uns langsam dem Flussniveau an und gelangen durch ein letztes kleines Seitental und ein Wäldchen geradewegs zur abenteuerlichen Holzbrücke **Passerelle de Rossolino** (4) über den Tavignano. Auf der gegenüberliegen-

Bade-Belohnung nach dem langen Marsch!

Umkehrpunkt der Wanderung ist die Holzbrücke über den Tavignano.

den Seite kann man gut den Fluss erreichen und zur Belohnung für den langen Marsch ein erfrischendes Bad nehmen. Auf dieser Flussseite ist der Wald auch dichter, so- dass es sich hier gut im Schatten rasten lässt. Gestärkt geht es dann auf dem gleichen Weg mit einigen Gegensteigungen, aber hauptsächlich bergab zurück nach Corte.

36 ▶ Kraxeltour im Restonica-Tal

Hoch oben am Melo-See (1711 m) ab 6 J.

Es sei gleich vorweg gesagt: Der Melo-See ist einer der Klassiker auf Korsika. Für Familien mit Kindern, die felsige Abschnitte und Klettereinlagen mögen, ist die Tour ein absolutes Muss. Im Sommer fühlt man sich jedoch ein bisschen wie auf der Autobahn. Doch gerade bei den Kraxelpassagen ist es gut, wenn die Kinder nicht von anderen Wanderern bedrängt werden. Die beste Zeit für dieses Abenteuer ist deshalb die Vor- oder Nachsaison. Da kann es zwar passieren, dass einer der beiden möglichen Aufstiege noch schneebedeckt und damit unpassierbar ist, aber das kann auch im Juni und Juli noch der Fall sein.

KURZINFO

Ausgangspunkt: Bergerie de Grotelle, 1370 m, im Restonica-Tal.
Anfahrt: Von Corte aus auf der D 623 15 km durch das Restonica-Tal bis zum Parkplatz am Ende der Straße.
Anforderungen: Es gibt zwei Aufstiegsvarianten zum Melo-See: »Accès

difficile« mit schwierigeren (gesicherten) Kletterpassagen, weshalb Erfahrung im Kraxeln vorteilhaft ist. Die Kinder sollten trittsicher sein und über Kondition verfügen. Der einfachere »accès facile« führt teilweise ebenfalls steil bergauf und über Felsplatten, ist aber weniger schwierig. Bei Nässe ist an den rutschigen Felsplatten Vorsicht geboten. Beide Aufstiege sind gelb markiert.
Altersgruppe: Ab 6 Jahren.
Gehzeit: 3 Std.
Weglänge: 5,1 km.
Höhenunterschied: 380 m im An- und Abstieg.
Ausrüstung: Bergschuhe, Jacken.
Einkehr: Auf dem Weg selbst die **Bergerie de Grotelle** (Öffnungszeiten täglich 8.30–20 Uhr) und die **Bergerie de Melo** (nur im Juli und August geöffnet). An der Pont de Tragone kurz vor dem Startpunkt der Wanderung ist das Restaurant »Chez Cesar«, das täglich von 12–16 Uhr geöffnet hat. Etwas gehobene und sehr schön am Fluss gelegene Restaurants am Anfang des Restonica-Tals (von Corte aus gesehen). Eine einfachere Pizzeria findet man am Campingplatz »Tuani«.
Unterkunft: Camping »Tuani«, etwa 6 km entfernt von Corte idyllisch und schattig direkt am Restonica-Bach gelegen (siehe S. 158).

Wackelige Bachüberquerung.

Weidende Kühe säumen den Weg und sorgen für Alm-Feeling.

Die Informationstafel am Startpunkt bei der **Bergerie de Grotelle** (1) verspricht, dass der See in einer Stunde erreicht ist – diese Zeitangabe ist sehr optimistisch und für Kinder unrealistisch. Aber es spielt ja auch keine Rolle, wie lange der Aufstieg tatsächlich dauert – das Wichtige ist, die Strecke zu genießen. Wir folgen also der gelben Wegmarkierung und sind schon von Anfang an auf schmalen und steinigen Pfaden unterwegs. Mal geht es durch ein ausgetrocknetes Bachbett, mal über »reißende« Bäche oder kleine Wasserfälle, die in der Zeit der Schneeschmelze einen ganz ordentlichen Wasserstand haben können. Da reichen die aus dem Wasser ragenden Steine oftmals als Hilfsmittel nicht aus. An Stellen, an denen das Gewässer allzu rauschend zu Tal stürzt, muss man auch schon mal über ein schmales Brett auf die andere Seite balancieren.

Über diesen felsigen und abwechslungsreichen Weg gelangen wir schließlich zur **Bergerie de Melo** (2). Diese Almhütte der besonderen Art erweckt den Eindruck, als wären zuletzt Außerirdische hier gelandet. Verstärkt wird der Eindruck, wenn

Für die Kids der attraktivste Teil der Wanderung ist die Kletterpassage auf dem »accès difficile«.

die Bergerie außerhalb der Sommermonate gerade nicht bewirtschaftet ist und geheimnisvoll verlassen daliegt. Im Juli und August ist sie allerdings geöffnet und es werden Milch und Käse angeboten.

Kurz nach der Bergerie folgt an einem Steinhaufen eine **Abzweigung** (3), an der es links Richtung Fluss auf den **»accès facile«** geht, was nicht bedeutet, dass es sich hier um einen Spaziergang handelt. Denn steil bergauf und über Felsplatten geht es abschnittsweise auch hier. Oft kommt dieser Aufstieg aber bis

in den Frühsommer hinein nicht infrage, weil der Hang noch schneebedeckt ist.

Am Steinhaufen geradeaus weiter geht es auf den **»accès difficile«.** Dieser gibt schon nach kurzer Zeit seinem Namen alle Ehre. Nach einem Stück gemäßigten Weges erreichen wir die Felskante zu dem Berghang, mit dem wir uns ab sofort zu beschäftigen haben. Teilweise geht es über große Felsplatten, teilweise durch Geröll und teilweise auch mal auf allen Vieren, mit Ketten gesichert, über die Granitblöcke. Wegen der Sicherungen an den Kraxelpassagen sollte man auch weiter den gelben Markierungen folgen, statt sich einen eigenen Weg zu suchen. An einem kleinen Gedenkstein mit Inschrift im Schat-

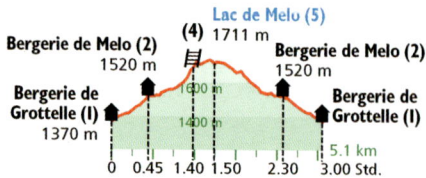

HALLO KINDER,

der Melo-See ist ein idyllischer Bergsee am Ende des Restonica-Tals und befindet sich auf 1711 Meter Höhe. Er wirkt nicht gerade riesig, ist aber dennoch 6,2 Hektar groß und bis zu 15 Meter tief. Damit ist er – wenn man es ihm auch nicht ansieht – einer der größeren Seen der Insel. Zusammen mit dem etwas höher gelegenen Lac de Capitello speist der Melo-See den Restonica-Bach, an dem entlang wir durch das gleichnamige Tal bis zum Parkplatz der Bergerie gefahren sind.

ten eines Felsens ist ungefähr die Hälfte des Aufstiegs geschafft.

Kurz bevor die obere Felskante erreicht ist, stehen an zwei besonders steilen Stellen in den Felsen gehauene **Leitern** (4) zur Verfügung. Sie sind sehr steil und die Stufen rutschig, sollten also entsprechend mit Vorsicht genossen werden. Aber dann ist es fast geschafft. Noch ein bisschen Klettern und Gehen und der Kamm ist erreicht, von dem aus

man den Bergsee auch schon silbern glitzern sehen kann.

Der **Melo-See** (5) ist wie geschaffen für eine ausgiebige Rast. Der Schnee am Berghang hinter dem See bietet im (Früh-)Sommer einen ungewohnten Anblick – und lässt schon im Vorfeld ahnen, was man sicher auch schnell feststellen wird: Das Wasser im Lac de Melo ist eiskalt. Wer von den jungen Abenteurern wagt den Sprung ins kühle Nass des Bergsees trotzdem?

Für den Rückweg haben wir nun die Möglichkeit, einen Rundweg aus unserer Wanderung zu machen. Sind wir den schwierigen Aufstieg nach oben gekraxelt, können wir den einfachen zurückgehen. Bergab ist dieser auch deutlich angenehmer als der »accès difficile«. Ist der Hang, über den der »accès facile« verläuft, im Frühsommer noch mit Schnee bedeckt, geht es auch wieder über den schwierigeren Weg bergab. Unten angekommen genießen wir den Spaziergang vorbei an weidenden Kuhherden und treffen gelegentlich auf einen Esel oder ein paar Ziegen. Mit dem Tal im Blick werden sich die Kinder ein wenig wie Heidi und Peter beim Ziegenhüten auf der Alm vorkommen!

Ziel erreicht! Der eiskalte Bergsee Lac de Melo.

37 ▶ Auf zur Badegumpen-Olympiade!

Die Cascades des Anglais im Forêt de Vizzavona · ab 8 J.

Wenn wir mit dem Zug nach Vizzavona anreisen, haben wir schon ein kleines Abenteuer hinter uns. Eine surreale Zugfahrt führt uns durch eine atemberaubende und abenteuerliche Landschaft über hohe Brücken und durch kurvenreiche Abschnitte zum Ausgangspunkt der Wanderung zu den wunderschönen Badegumpen und Wasserfällen des Flusses Agnone. Der Gegensatz zwischen dem hochmodernen Zug und der wilden, ursprünglichen Szenerie, die er durchfährt, könnte nicht deutlicher zutage treten!
Abwechslungsreich ist auch die Wanderung, die am Fluss und wilden Wasserfällen vorbeiführt, Kraxelpassagen über Felsplatten bietet und herrliche Waldstücke beinhaltet. Unterwegs gibt es neben tollen Bademöglichkeiten geheimnisvolle Ruinen zu entdecken.

KURZINFO

Ausgangspunkt: Bahnhof von Vizzavona.

Anfahrt: Mit dem Pkw über die Verbindungsstrecke Corte – Ajaccio N 193 zum Col de Vizzavona und bis zum ausgeschilderten Gare de Vizzavona (Bahnhof). Dort gibt es gute Parkmöglichkeiten und eine Wanderkarte zu den Cascades des Anglais. Der Ausgangspunkt ist auch gut mit dem Zug auf der Strecke Corte – Ajaccio erreichbar. Die Zugverbindungen findet man unter www.train-corse.com unter dem Menüpunkt »Consultez les horaires«.

Anforderungen: Zunächst einfache Wanderung, später einige lange und steile Kraxelpassagen über Felsplatten und teilweise abseits des Weges, deshalb sind Trittsicherheit und gute Kondition unbedingt Voraussetzungen. Die Wanderung ist erst rot-weiß (teilweise GR 20), dann gelb markiert.

Altersgruppe: Ab 8 Jahren.

Gehzeit: 5 Std.

Weglänge: 12,9 km.

Höhenunterschied: 770 m im An- und Abstieg.

Ausrüstung: Bergschuhe und Badesachen.

Einkehr: An der ersten Kaskade befindet sich ein **Kiosk**, der allerdings nur im Sommer geöffnet ist. Unterwegs liegt nur wenige Meter abseits des Wanderwegs das Restaurant »La Muntagna« an der N 193. Direkt am Bahnhof von Vizzavona gibt es das sehr kinderfreundliche Restaurant »**Chef de Gare**«. Es gibt mehrere Kindermenüs zur Auswahl. Das Essen ist korsisch, lecker und sehr preisgünstig.

Unterkunft: Direkt am Bahnhof von Vizzavona befindet sich die **Refuge de la Gare** (Tel. +33/(0)4 95 47 22 20 oder (0)6 09 76 75 05). Ansonsten ist der schöne **Campingplatz »Aire Naturelle Le Soleil«** in Tattone nur knapp 4 km vom Gare de Vizzavona entfernt (20219 Tattone, Tel. +33/(0)4 95 47 21 16).

Der erste erfrischende Badestopp in sonniger Lage beim Kiosk.

Unser langer Marsch beginnt am Bahnhof von Vizzavona (1) an der Wanderkarte, an der wir auf dem Wanderweg GR 20 starten. Zunächst sind wir noch auf einer Teerstraße unterwegs und passieren die gespenstisch daliegende Ruine eines ehemals wohl sehr herrschaftlichen Hauses (2). Ob es darin wohl spukt? Weiter geht es, bis wir mit dem GR 20 an der Casa Natura rechts in Richtung Wald abzweigen.

Die Tour bleibt zunächst auf einem breiten Forstweg und verläuft durch schattigen Buchenwald entlang des Fulminato-Baches, weswegen diese Wanderung auch ein guter Tipp für heiße Tage ist. Es geht über romantische Holzbrücken, auf denen wir zunächst den Fulminato und später den Agnone überqueren. Schließlich biegen wir links auf die alte Forststraße ein. Immer noch wirkt der Weg wenig spektakulär, ist aber sehr beschaulich, auch wenn wir ihn mitunter mit vielen Mitwanderern teilen. Wir wandern schließlich eng am Fluss Agnone entlang, können einige Passagen auch über die Felsen im Fluss bewältigen und errei-

Die ersten Kletterpassagen nach dem breiten Forstweg.

chen schließlich über einen schmaler werdenden Pfad eine weitere Brücke, unter der schäumend der Agnone hindurchstürzt. Hier fangen die Cascades des Anglais (3) an, die sich im weiteren Verlauf aus etwa 20 Badestellen in Felsbecken und Wasserfällen zusammensetzen. Das kristallklare Wasser sieht ver-

HALLO KINDER,

die Natur hier im Wald von Vizzavona mit der Aneinanderreihung von Badebecken ist einzigartig auf Korsika. Das Zusammenspiel von Wald und Wasserfällen strahlt einen faszinierenden Zauber aus. Kein Wunder also, dass früher die Kurgäste in Pferdekutschen durch diesen Wald fuhren und an den Badestellen den Fluss genossen. 1888 wurde dann die Idylle etwas eingedämmt, als der Zugverkehr nach zehn Jahren Bauzeit zwischen Corte und Ajaccio aufgenommen wurde. Die Bahnlinie sollte in weiteren Bauabschnitten einmal quer über die Insel verlaufen und zwar von Ajaccio bis nach Bastia. Die Gegend um Vizzavona in der Mitte der Insel und auf einer Höhenlage von über 900 Metern ist einer der beeindruckendsten Abschnitte der Strecke mit einem fast vier Kilometer langen Tunnel und der schwindelerregenden Talbrücke gleich nach der Bahnstation Vizzavona.

Nach dem ersten donnernden Wasserfall sind die Bergziegen gefragt!

lockend aus, hat es aber in sich – es ist eiskalt. Direkt an der ersten Badestelle bei der Brücke gibt es einen **Kiosk**, der ab Anfang Juni geöffnet hat. Nach einer Bade-Einlage wandern wir nun weiter auf der südlichen Flussseite aufwärts, wobei wir ein Badebecken nach dem anderen passieren, bis wir den oberen, imposanten Wasserfall erreicht haben. Wir »duschen« kurz im Sprühnebel des tosenden Wasserfalles, dann müssen wir uns vom Fluss trennen. Linker Hand neben dem Wasserfall

geht es über Steinplatten und Felsblöcke aufwärts. Das ist unser eigener Geheimweg, der zunächst keiner Markierung folgt. Wir suchen unseren Weg, indem wir uns kraxelnd bergauf orientieren.

Schließlich erreichen wir ein waldiges **Plateau**, auf dem es zunächst eben, aber felsig vorangeht. Bald stoßen wir wieder auf die rot-weiße Wegmarkierung und sind wieder auf fester Fährte unterwegs. Schnell geht es über felsige Pfade steil bergauf, bis wir uns erneut Felsplatten zuwenden, die wir bezwingen müssen. Oben auf der **Hochfläche** angekommen liegt tief unter uns wieder der Fluss Agnone. Man könnte hinabklettern und ein letztes Bad nehmen, man kann aber noch einen halben Kilometer dranhängen und den Fluss an dem kleinen Brückchen **Passerelle Tortetto** (4) erreichen, bevor es wieder denselben Weg bergab geht. Diesmal bleiben wir auf dem rot-weiß markierten Weg. An einer Gabelung oberhalb des tosenden Wasserfalles angelangt, folgen wir ab sofort der Wegmarkierung »gelber Strich« (später »gelber Punkt«) auf einem äußerst schmalen Waldweg, der wiederum Teil des GR 20 ist. Wie aus dem Nichts taucht rechter Hand plötzlich die Ruine eines alten **Forts** (5) auf. Mitten auf einem Wiesenstück ragen geisterhaft die verblieben Türme in den blauen Himmel. Der Grundriss des Forts besteht aus niedrigen, überwucherten Mauerresten – aus-

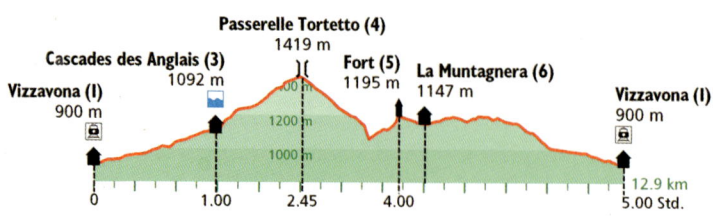

reichend, um die alten Gemäuer einer Inspektion zu unterziehen …

Nach der Ruine wandern wir auf einem schmalen Pfad auf dem Bergsattel entlang und folgen einem Trampelpfad hinunter bis zur Passstraße zum Col de Vizzavona. Von hier aus sehen wir an der Straße das Restaurant »La Muntagnera« (6). Nach wenigen Metern auf der Straße (und noch vor dem Restaurant) zweigt am rechten Straßenrand eine asphaltierte Straße ab, die in einen steilen Waldweg mündet. Schließlich schickt uns das Schild »Gare Vizzavona« an einer Weggabelung nach rechts bis zur Passstraße. Wir passieren auf der Straße eine Brücke, nach der es links bergab geht. Nun folgt eine schöne Waldpassage. Eine Wald-Ausstellung lässt uns noch einmal stoppen, an anschaulichen Illustrationen können wir die vermittelten Informationen nachvollziehen – auch ohne Kenntnis der französischen Sprache. Schließlich bringen uns die Wegweiser zum »Gare« wieder zum Bahnhof zurück, wo wir rechtschaffen erschöpft beim »Chef de Gare« einkehren.

Alte, zerfallene Gemäuer wollen immer erforscht werden. Hier das alte Fort.

38 ▶ Spaziergang zur Spuk-Ruine

Rundweg zum »U Casteddu« oberhalb von Vero ab 3 J.

Dass man das hoch aufragende Ziel schon von Weitem sieht, ist ein Ansporn für die jungen Wanderer. Umso mehr, als die auf einem kleinen Berggipfel thronende Burgruine U Casteddu sehr geheimnisvoll wirkt. Was mag dort wohl vor sich gehen?

Das geheimnisvolle »U Casteddu« über dem Gravona-Tal.

KURZINFO

Ausgangspunkt: »Fontaine de Vazzalina« in Vero.

Anfahrt: Von der N 193 Richtung Corte biegt kurz vor dem Schildkrötenpark (bereits ausgeschildert) links eine kurvenreiche Bergstraße nach Vero ab. Dieser folgt man ca. 4 km bergauf nach Vero und biegt am Ortseingang links auf die oberhalb verlaufende alte Ortsstraße ab. Die »Fontaine de Vazzalina« befindet sich 200 m nach der Mairie, auf der rechten Seite.

Anforderungen: Einfache Wanderung mit Steigungen, die auf dem gelb markierten Weg 1 verläuft.

Altersgruppe: Ab 3 Jahren.

Gehzeit: 1.30 Std.
Weglänge: 2,3 km.
Höhenunterschied: 150 m im An- und Abstieg.
Ausrüstung: Wanderschuhe und Badesachen.
Einkehr: Gasthäuser im sehr schönen Ort Vero.
Unterkunft: In Vero selbst gibt es den kleinen Campingplatz »Les Eaux Vives« (20133 Vero, Tel. +33/(0)4 95 52 81 09). Neben einem Restaurant und einem kleinen Lebensmittelladen sind ein Kinderplantschbecken und ein Spielplatz vorhanden. Chalets können gemietet werden.
Von der Abzweigung der Bergstraße nach Vero aus sind es noch etwa 20 km (Richtung Corte) bis zum Campingplatz »Aire Naturelle Le Soleil« in Tattone (siehe S. 170). An der Westküste liegt zwischen Ajaccio und Sagone an der D 25 nördlich von Tiuccia der Campingplatz »Les Couchants« (20111 Casaglione, Tel. +33/(0)4 95 52 26 60, www.camping-lescouchants.fr). Hier kann man zelten, im Wohnmobil übernachten oder aber auch ein Holzhäuschen mieten.

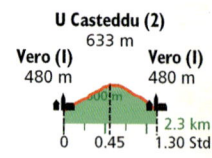

U Casteddu (2)
633 m
Vero (I)   Vero (I)
480 m   480 m
2.3 km
0   0.45   1.30 Std.

BADETIPP

Fährt man nach der Tour auf der N 193 Richtung Ajaccio bis zur Abzweigung nach Carbuccia, erreicht man die Pont de Carbuccia, die den Fluss La Gravona überquert. Vor der Brücke kann man seitlich parken und rechts davor einem Fußpfad nach unten zum Fluss folgen. Der Pfad führt zu einer Ansammlung großer Felsblöcke, an denen sich eine wunderschöne Lagune befindet. Ein feiner, breiter Sandstrand ist die Krönung dieser Badestelle. Man kann hier buddeln oder baden, denn das Wasser ist warm und eine Strömung wegen der großen Felsblöcke so gut wie nicht vorhanden. Obwohl der Fluss in der Mitte recht tief ist, geht es sacht ins Wasser, sodass diese Badestelle auch gut für jüngere Kinder geeignet ist. Die Größeren werden sicher mutige Sprünge von den Felsen ins tiefe Wasser in der Mitte des Flusses wagen! Und meist hat man den Strand für sich alleine.

Der schattige Weg startet an der »Fontaine de Vazzalina«, wo wir auch parken (1) und führt uns über kleine Schluchten, zwischen Felsen hindurch, vorbei an Gärten, Badebecken, kleinen Quellen und Brunnen. Unterwegs begegnen uns außerdem ein alter Waschplatz und ein antiker Brot-Backofen – beides will natürlich auch ausführlich begutachtet werden.

Schließlich leuchtet das rote Porphyr-Gestein unseres Ziels, die Ruine »U Casteddu« (2). Sie liegt über 600 Meter hoch, weshalb man von hier oben aus einen herrlichen Rundumblick ins gesamte Tal mit dazu geboten bekommt.

Beim Rückweg lassen wir die geisterhafte Ruine hinter uns und wenden uns dem Weg halb links zu. Da der Weg Nr. 1 ein Rundweg ist, begehen wir einen etwas größeren Bogen zunächst Richtung Norden, bevor wir die Schleife zurück zur »Fontaine de Vazzalina« ziehen. Alternativ kann man aber natürlich denselben Weg zurückgehen.

Badestelle an der Gravona: Strandidylle im Inselinneren!

Die Ostküste und das Inselinnere

Bei den gepanzerten Inselbewohnern

Im Schildkrötenpark »A Cupulatta« ab 2 J.

Der Park »A Cupulatta« liegt im Inselinneren an der Straße N 193 zwischen Corte und Ajaccio. Mit der stattlichen Anzahl von 150 verschiedenen Schildkrötenarten ist er der größte Schildkrötenpark auf der Insel Korsika und sogar der größte in ganz Europa. Hier trifft man auch auf so manche exotische Bewohner wie etwa die Riesenschildkröten von den Galapagos-Inseln und den Seychellen. Absolutes Highlight ist die Aufzuchtstation des Parks, in der man die nur wenige Tage alten Schildkröten hinter Glas unter ihren Wärmelampen von sehr nah betrachten kann.

KURZINFO

Anfahrt: Der Park »A Cupulatta« liegt direkt an der N 193 zwischen Ajaccio und Corte, knapp 20 km von Ajaccio entfernt, in der Nähe von Vero im Gravona-Tal.
Öffnungszeiten: 1. April bis 15. Mai und 16. Sept. bis 31. Okt. täglich 10–17.30 Uhr, 16. Mai bis 15. Sept. täglich 9–19 Uhr. Von Nov. bis März gibt es Infos unter Tel. +33/(0)6 10 30 25 63.
Eintrittspreise: Erwachsene 9,50 €, Kinder (4 bis 11 Jahre) 5,50 €.

Altersgruppe: Ab 2 Jahren.
Besuchsdauer: Ca. 2 Std.
Wissenswertes: Wegen der ausschließlich auf Französisch verfassten Informationstafeln sollte mindestens ein Familienmitglied Französisch können.
Einkehr: Am Eingang befindet sich ein zum Park gehöriger Kiosk, an dem es Eis, Snacks und Getränke zu kaufen gibt.
Unterkunft: Campingplatz »Aire Naturelle Le Soleil« in Tattone (ca. 25 km in Richtung Corte; siehe S. 170). An der Westküste liegt zwischen Sagone und Ajaccio der Campingplatz »Les Couchants« (siehe S. 174).

Der Schildkrötenpark ist als **Rundgang** angelegt, der sowohl durch die Sonne als auch durch schattige Abschnitte führt. Die Tiere leben in schön gestalteten, natürlichen Gehegen mit niedrigen Steinmäuerchen oder Drahtzäunen, sodass auch die ganz kleinen Kinder keine Probleme haben, alles gut zu sehen. Die meisten Informationen auf den Schildern sind allerdings nur in französischer Sprache verfasst und deshalb verpasst man einiges, wenn in der Familie keiner Französisch versteht. Abhilfe kann der deutschsprachige Parkführer schaffen, den man an der Kasse erwerben kann und mit dessen Hilfe man ebenfalls Spannendes über die verschiedenen Schildkrötenarten erfährt.

Da hat die Stoff-Schildkröte schlechte Karten, wenn sie sich gegen die Riesenschildkröten behaupten will!

Schon bald fällt uns auf, dass die schmucke Schildkrötenart namens »La Tortue d'Hermann Occidentale« hier eine wichtige Rolle zu spielen scheint. Schnell ist herausgefunden, dass die Tiere mit dem braun-gelb gemusterten Panzer ihren Lebensraum auf den Balearen, in Spanien und im südöstlichen Frankreich, vor allem aber hier auf Korsika haben.

Der Rundgang führt uns vorbei an vielen Gehegen mit kleineren Schildkröten und kurz bevor wir den Bach überqueren, stoßen wir auf die teilweise bis zu 300 Kilogramm schweren Riesenschildkröten, die »Tortues Geantes« von den Seychellen. Unfassbar langsam bewegen sich diese Giganten voran, und mehr als einmal hat man das Gefühl, sie würden nun vollends zusammenbrechen vor Anstrengung. Nach dieser Attraktion ist schnell die Aufzuchtstation mit Mini-Schildkrötchen und frisch gelegten Eiern erreicht. Es ist kaum zu glauben, dass aus den teils daumennagel-großen Tieren einmal veritable Schildkröten werden sollen. Von hier aus geht es weiter zu immer ausgefalleneren Exemplaren –

Die Anlage ist liebevoll und ansprechend gestaltet.

der nächste Höhepunkt sind die Alligatorschildkröten. Richtig gruselig sehen sie aus, mit ihrem knorzigen Panzern und dem furchteinflößenden Blick. Wenn man das Glück hat, einer Putzaktion beizuwohnen, sieht man, wie diese ungewöhnlichen Tiere von vorne bis hinten geschrubbt und gewienert werden. Mit dem Schlauch abgespritzt zu werden, scheint allerdings nicht gerade das größte Vergnügen für die Spezies Alligatorschildkröten zu sein.

Nach einigen Becken mit ungewöhnlichen Wasserschildkröten ist der Rundgang schließlich beendet.

HALLO KINDER,

wusstet ihr, dass Schildkröten wahre Wetterfrösche sind? Das funktioniert bei ihnen so: Ihre Körpertemperatur passt sich der Temperatur der Umgebung an. Schildkröten können weder die eigene Körperwärme erzeugen, noch diese abführen, wenn es zu heiß ist. Ist das Wetter schön und warm, sind Schildkröten sehr aktiv. Mit den Sonnenstrahlen wärmen sich die Reptilien und saugen die ganze Energie auf. Aber das kann gefährlich sein. Wenn Schildkröten zu lange der Sonne ausgesetzt sind, hört die Körpertemperatur nicht auf zu steigen. Dann müssen die Tiere in den Schatten zurück. Ist das Wetter schön, aber kalt, sind sie eher zurückhaltend und kaum in der Lage, sich zu bewegen. Und überhaupt nichts los ist mit ihnen, wenn es auch noch regnet und kalt ist. Da verkriechen sich die Tiere wohlweislich, und ein Besuch im Schildkrötenpark ist vergeblich!

40 ▸ Beschwingt von Baum zu Baum

Kletterparks bei Vero und Vizzavona

a) Parcours Aventure de Vero

ab 3 J.

KURZINFO

Anfahrt: Von der N 193 Ajaccio Richtung Corte zweigt bei Suaricchio ein Bergsträßchen links nach Vero ab (an der Abzweigung große Hinweistafel auf den Parcours Aventure). Bis Vero fährt man 3 km, nach dem Ort sind es noch einmal 3 km bergauf zum Kletterpark.

Anforderungen: Schwindelfreiheit und etwas Kondition.

Altersgruppe: Ab 3 Jahren. Kleine Kinder müssen von einem Erwachsenen begleitet werden.

Ausrüstung: Festes Schuhwerk. Die Kletterausrüstung wird gestellt.

Öffnungszeiten: In den korsischen Osterferien täglich 10–18 Uhr, Anfang Mai bis Mitte Juni Samstag, Sonntag und an Feiertagen 10–18 Uhr, Mitte Juni bis Anfang Sept. täglich 10–19 Uhr (zusätzlich mittwochabends), Anfang Sept. bis Ende Okt. Sonntag 10–18 Uhr und in den Allerheiligen-Ferien täglich 10–17 Uhr.

Eintrittspreise: Erwachsene (ab 1,50 m Körpergröße) 20 € (maximal 4 Std.), Kinder (ab 1,35 m) 16 € (maximal 4 Std.), Kinder (ab 1,20 m) 13 € (maximal 3 Std.), Kinder (unter 1,20 m) 10 € (maximal 2 Std).

Besuchsdauer: 2 bis 4 Std.

Einkehr: An der Kasse des Kletterparks kleine Snacks und Getränke.

Unterkunft: Siehe S. 174.

Oberhalb des Bergdörfchens Vero sind in einem Pinienhain zwölf abwechslungsreiche und fantasievolle Stationen und Parcours zwischen den Bäumen aufgebaut. Der Kletterer findet je nach Alter und Mut verschiedene Anforderungsstufen, auch Dreijährige dürfen sich hier schon versuchen. Unabhängig davon erhält aber jeder Luftakrobat, der sich von Baum zu Baum hangeln möchte, eine Einführung. Danach kann das Abenteuer starten. Ausgestattet mit Helm und Klettergurt wird die erste Leiter gestürmt. Zwischen den einzelnen Stationen kann man sich wie Tarzan mit der Liane fortbewegen oder den nächsten Parcours über Stege in schwindelerregender Höhe erreichen. Schwankende Balancierbrücken wollen genauso bewältigt werden wie rasante Abfahrtsrutschen. Bei all dem Turnen in luftigen Höhen müssen sich die Kletterer jederzeit selbst sichern, indem sie sich mit Karabinern an den über alle Parcours hinweglaufenden Sicherungsseilen einklinken.

b) Vizzavona Parc Aventure

ab 4 J.

Anfahrt: Der Kletterpark liegt direkt an der N 193, die von Ajaccio nach Corte führt. 9 km nach dem Ort Bocognano befindet sich der Park in einem Waldstück an der linken Straßenseite.

Anforderungen: Schwindelfreiheit und etwas Kondition.

Altersgruppe: Ab 4 Jahren und 1 m Körpergröße. Kinder und Jugendliche unter 16 Jahren müssen von einem Erwachsenen begleitet werden.

Ausrüstung: Festes Schuhwerk. Die Kletterausrüstung wird gestellt.

Öffnungszeiten: 15. Juni bis 15. Sept. täglich 10–19 Uhr. In der Nebensaison ab 8 Personen auf Anfrage (vor Ort oder unter Tel. +33/(0)4 95 10 83 16).

Eintrittspreise: Erwachsene 20 €, Kinder von 7 bis 15 Jahre 17 €, Kinder von 4 bis 6 Jahren 15 €.

Besuchsdauer: 2 bis 4 Std.

Einkehr: In Bocognano gibt es einladende Restaurants und Cafés direkt an der Durchfahrtsstraße des Ortes.

Unterkunft: In Richtung Corte Campingplatz »Aire Naturelle Le Soleil« in Tattone (siehe S. 170). Bei Bocognano der einfache, ruhig im Wald gelegene Campingplatz »Adumbratu« mit Tischtennisplatte und Volleyballfeld (Tel. +33/(0)4 95 52 88 39, http://adumbratu.com).

In diesem Hochseilgarten spielt ein bisschen mehr Nervenkitzel mit, weswegen die Kinder auch schon etwas älter sein sollten als beim Kletterpark oberhalb von Vero. Denn hier spannen sich die Drahtseilbrücken und Wackelstege über tiefere Schluchten und man klettert teilweise in 25 Meter Höhe. Besonders haben es die rasanten Seilabfahrten in sich: Im Beckengurt sitzend und mit den Sicherheitsgurten in eine oberhalb verlaufende Seilführung eingeklinkt lässt man sich einfach »fallen« und schwebt etwa 100 Meter weit bis zur nächsten Plattform. Oder wie wäre es mit dem »Tarzan-Sprung«? 15 Meter weit von Baum zu Baum schwingen wie der berühmte Herr des Dschungels?
Bevor wir ausgerüstet mit Helm und Klettergurt die Bäume des Waldes von Vizzavona in Angriff nehmen, gibt es eine Einführung. Insgesamt kann man sich an zwölf verschiedenen Parcours in fünf farblich markierten Schwierigkeitsgraden austoben, speziell für kleinere Kinder ist ein Extra-Parcours angelegt. Unter allen Stationen und Parcours geben Fangnetze ein Gefühl von Sicherheit, sodass man sich getrost auf die Bewältigung der Passagen von Baum zu Baum konzentrieren kann.

Ausgerüstet wie die Profis geht es hinauf in luftige Höhen im schönen Wald von Vizzavona.

Stichwortverzeichnis

Impressum

Titelbilder:
Oben: Im Meer bei Ste-Luccie-de-Porto-Vecchio.
Mitte: Badespaß (Foto: Roland Koenig), Wanderung zum Monte Tolu (Tour 2).
Unten: Das Trou de la Bombe im Bavella-Massiv (Tour 28) und Kajaktour am
Strand von Pinarello (Tour 26).
Bild Seite 1: Höhenflug über die Calanche (Tour 12).
Bild Seite 2: Auf dem alten Maultierpfad »Ancien Chemin« (Tour 12).
Bild Seite 30/31: Die geheimnisvollen Iles Sanguinaires (Tour 19).
Bild Umschlagrückseite: Tour Génoise auf der Punta d'Omigna (Tour 15).

Alle Fotos von der Autorin mit Ausnahme der Bilder auf den Seiten 11, 18,
148, 162, 163, 164, 165 (Matthias Kautt), 155 u. (Roland Koenig), 115 u.
(Robin Landwehr), 147 u., 151, 155 o., 156 (Klaus Wolfsperger).

Die Autorin:
Marion Landwehr, geboren 1970, ist Diplom-Journalistin und seit einiger
Zeit als Autorin im Bereich Freizeitführer für Familien mit Kindern tätig. Im
Team mit ihren beiden Kindern erforscht sie attraktive Ziele, naturnahe
Wanderungen und Ausflüge mit Highlights, die den Kids Spaß machen.
Website der Autorin: www.wort-zauber.de

Kartografie:
Wanderkarten im Maßstab 1:15.000, 1:25.000, 1:50.000, © Bergverlag
Rother GmbH, München (gezeichnet von Barbara Häring, Gröbenzell),
Übersichtskarte und Stadtpläne © Freytag & Berndt, Wien

Illustrationen:
Stephanie Stickel (www.stephanie-stickel.de)

1. Auflage 2011
© Bergverlag Rother GmbH · München
Alle Rechte vorbehalten
ISBN 978-3-7633-3058-4